終生開竅的秘密

啟動靈體功能，一切真相大白！

涂政源／著

Joyful Life.22 **終生開竅的秘密**

啟動靈體功能，一切真相大白！

作　　者　涂政源
書封設計　林淑慧
特約美編　李緹瀅
特約文編　張維君
主　　編　高煜婷
總 編 輯　林許文二

出　　版　柿子文化事業有限公司
地　　址　11677臺北市羅斯福路五段158號2樓
業務專線　（02）89314903#15
讀者專線　（02）89314903#9
傳　　真　（02）29319207
郵撥帳號　19822651柿子文化事業有限公司
服務信箱　service@persimmonbooks.com.tw

業務行政　鄭淑娟、陳顯中

初版一刷　2025年06月
定　　價　新臺幣450元
I S B N　978-626-7613-48-1

如欲投稿或提案出版合作，請來信至：editor@persimmonbooks.com.tw
FB粉專請搜尋 60秒看新世界

國家圖書館出版品預行編目（CIP）資料

終生開竅的秘密：啟動靈體功能，一切真相大白！／涂政源著. -- 一版. -- 臺北市：柿子文化事業有限公司，2025.06
面；　公分. --（Joyful life；22）
ISBN 978-626-7613-48-1（平裝）

1.CST：靈修 2.CST：修身

192.1　　114004489

contents

自序 人生是一趟開竅無極限的旅程 7
人體竟有比頭腦更高的靈魂功能構造——神奇的是：我啟動了祂。
靈體功能會讓人極大化自己幸福快樂的時光，同時嚐到永恆喜樂的滋味！

前言 一個啟動靈體功能，嚐到開悟見性滋味的人與他的智慧洞見 11
開竅，就是觀念通了！開竅，就是竅門懂了！開竅，就是訣竅會了！

1 開竅女、開竅男——啟動自己的靈體功能 19
自己是自己人生的天；自己是生命的救世主。

2 啟動靈體功能的方法練習 53
活、看、聽：多方純粹覺察、高度警覺——不動情緒、不生思緒真的發生！

3 靈體六大功能的妙用 73
● 愛的靈性情感與行為
● 大大開竅的領悟力、理解力、感受力
● 真知洞見——了悟人性事實、現實與真相
● 覺性：純粹覺察意識，讓心不動情、讓頭腦不生念

● 正思、正見、正語——創造渴求的美好
● 人體處在永恆喜樂祥和之境之感

4 「切」、「換」念頭——靈魂最大的本事 87
「切」，就是切斷當下的念頭，讓念頭不再生起，在當下觀看和聆聽，沒有任何概念介入其中，那當下只有喜樂沒有苦受。「換」就是把不好、負向和無用的念頭，換成有用、實用、感受美好和希望成真的念頭。

5 終身開竅——你愈開竅，命運對你就愈好 101
你就是那個因！因，就是開竅。就是你要什麼？你就要對它開竅。

6 最高的藝術：自己創作好自己 115
創作價值不菲的自己：一生擁有含金量超高的好興趣；
創作不當的自己：一輩子都用消遣的嗜好或惡習在消磨時光！

7 覺察到自己在覺察——遇見更美好的自己 125
覺醒，就是覺察到自己活在覺察中。
靈體六大功能啟動時的那個「我」即是「真我」——最美的自己！

8 對人性真相開竅——人性包含動物性、社會性、靈性面向和需求 137

動物性本能：吃喝拉撒睡和情慾之愛的需求。
社會性欲求：功、名、富、貴、玩樂、與人關係美好的需求。
靈性的渴求：對人性和生命真相、真知、真理生起渴望瞭解的需求。

9 別浪費痛苦，去利用痛苦——人生的珍珠藏在痛苦裡 159

在快樂的學習中、在痛苦的感受中開竅——靈魂喜樂開機！

10 對人間福報開竅：做著自己開竅的事 187

做著自己開竅的事，把工作變成長期飯票的事業；
為別人做好事善事，把自己的福氣再添上更多福分！

11 對「功名富貴」開竅 195

做事有熱情、待人有溫度、言行感動眾人、能精準解決問題、有能力整合眾多術業有專攻的人和資源、給出的東西有價值，創造的作品讓人受益，且美到愛不釋手、有遠見是個身教典範，為他人造福是自己的座右銘。你正在做這樣的事，成為這樣的人，恭喜，你對成功、名位、財富、貴人開竅了！

12 磁吸效應：想著說著感覺著渴望的美好 203
人會得到他一直想要的和一直感覺到的；
你的人體是個磁吸體，去運用它，讓好事一直來！

13 讓願望成真的積極肯定語——說著說著感覺著 221
說著說著感覺美好，直到引爆那美好！

14 我就是「神」——我活出神性芬芳 231
你不是一個人、你不只是一個人。

15 女人、男人終極的幸福 259
享受「啟動靈體功能」出現的高光時刻！

結語 283

自序

人生是一趟開竅無極限的旅程

人體竟有比頭腦更高的靈魂功能構造——神奇的是：我啟動了祂。

靈體功能會讓人極大化自己幸福快樂的時光，同時嚐到永恆喜樂的滋味！

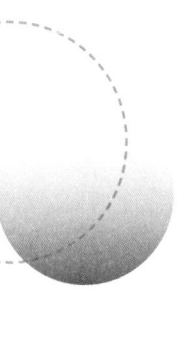

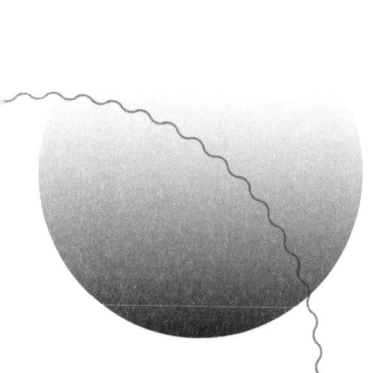

在大學教書前後十多年，每個學期我都會指定一至兩本全球暢銷書，作為期中期末讀書心得報告，目的是希望學生能參考巨人的觀點和做法而開竅，悅納全球卓越菁英寶貴的人生經驗與心得，以此提升自己、幸福家人、貢獻社會。同時，我也會把書中精華加上個人領悟做成漂亮簡報，跟學生分享，我發現：在教導別人中，進步如有神助，在經驗歷練中，卓越自身。

來大學進修的人，除了年輕學生，還有各行各界的人士。有天，一位事業有成的學生來電，說他老婆要跟我講話，她說：「老師，您還有沒有好書可以推薦給我。」原來學生把我指定閱讀的好書跟家人分享，這真是善的循環！

我說當然有啊！那就是我寫的書，那時候我的新書剛出版，這句話是我內心真實的聲音。從十七歲志於學，廣閱全球卓越著作，到處聽講傑出觀點，透過教導他人歷練經驗、著書立說，這書的好，不會是絕後，肯定是空前的好。

人生是一趟開竅無極限的旅程！成功財富、健康快樂、人際關係、溝通表達、領導管理、商品開發與行銷、關係經營、親子教養、工作與事業，覺醒開悟啟動靈體……你開竅愈多，觀念愈通、竅門愈懂，訣竅愈會，愈能極大化自己幸福快樂的時光，並擁有好命好福氣的美麗人生。不分男女，每個人都要去做個：開竅男、開竅女。

開竅，是人受教育和自我學習最大的目的，「凡事的美好」皆由人對什麼開竅開始，開竅多深多廣而定。你想要什麼，就要去對你要的開竅，這是黃金法則。開竅，無極限；開竅，沒有盡頭。

人問：生命最重要的一件事是什麼？

人問：人生做了最對的一件事是什麼？

我說：開竅，持續多方開竅。開竅，是創造美好之本；開竅，是靈魂覺醒之母。無論是家財萬貫或正為錢奔波，人永遠需要的是：自我開竅，再多開竅一點直到開悟，才能啟動靈體功能並明白：人體竟有比頭腦更高的功能構造可以啟動來駕馭頭腦，再也不用胡亂跟隨思想和情緒過著苦日子。啟動靈體功能，親吻永恆喜樂的滋味。

好書，是人生最有價值的寶藏。

好書，是人生超級珍貴的貴人。

我的好書，在等你！

等你開竅，「愛」不釋手。

讀懂這本字字句句由我靈魂洞見寫出的書——一切真相大白！

涂政源　二〇二五

前言

一個啟動靈體功能，嚐到開悟見性滋味的人與他的智慧洞見

開竅，就是觀念通了！

開竅，就是竅門懂了！

開竅，就是訣竅會了！

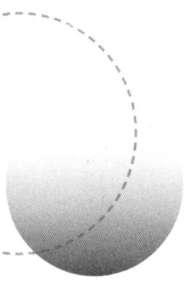

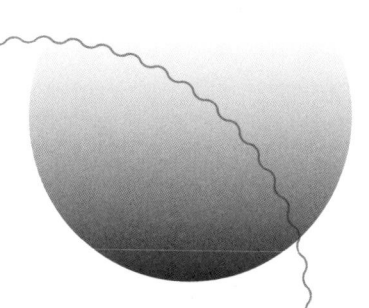

開竅，人生無比重要的頭等大事！開竅，人生創造一切美好的起始點。

人活著，能時時幸福快樂嗎？
人活著，能在痛苦中淬鍊智慧嗎？
人活著，能不要製造和感受痛苦嗎？
人活著，能創造自己渴望的美好嗎？
人活著，能找到生命永恆喜樂的出路嗎？
這本書就是要讓你開竅，讓你領悟那不可思議的真實智慧，找到「肯定」的答案，活出無法想像的美好狀態和嚐到那無限祥和喜樂的滋味！

人體是個**磁吸體**：會吸引自己一直在**想的**、**說的**和**要的**，好與壞都可能被人磁吸而來，開竅就是要**警覺**這件事，善用磁吸力量讓好事一直來。

人體裡有個**靈體**：啟動時會讓頭腦的想法以及引發的痛苦情緒消失，活在一直喜樂的覺察狀態裡。

靈體會生起高強度的覺察力，此力即是**純粹覺察意識**，能讓心不動情、讓頭腦不起念頭，我就是這樣嚐到開悟見性的滋味！

今天的人類已進入到人工智能新時代，外在世界和人類的生活方式已驟變。面對全新變化，內心世界更需要全面性的多方開竅，才能在這個AI時代極大化自己和身邊人的幸福快樂。

不管人們是結婚、育兒、單身、單親、家庭主婦主夫、受僱工作、做事業、教徒、棄俗、出家或孤老，**都只是一種生活方式的選擇和際遇**，無關乎誰比較幸福？誰比較能開竅？誰比較能開悟出大智慧？真相是：任何人都要對磁吸能量的智慧開竅，去磁吸想要的美好。事實是：每個人都可以啟動自己的靈魂功能，親嚐永恆喜樂的幸福滋味。

每個人都有同樣的潛能，因為任何人的人體都是個磁吸體，都有比頭腦更高更強的靈體構造可以啟動使用，就看誰能開竅再開竅？幸運的人就是能對這本書的智慧真實開竅的人。

人類到底有沒有命運？答案：有。

出生時的條件和身邊人的影響，決定了每個人不同的先天命運。

人類能不能靠自己改變命運？答案是：能。

誰能「開竅」，把不好、負向和無用的念頭和話語，換成有用、實用、感受美好和光明希望的念頭和話語，他就能自主地磁吸美好，創造自己的命運。

人類能不能極小化痛苦或轉化痛苦？且找到自己受苦的源頭，中止痛苦？答案是：可以。

只要你對本書的訊息，理智大大持續開竅、情感同步體驗「理智了悟到的狀態」真實感受或有人指導，就能善用自己人體的磁吸力量，同時啟動自己「人體裡的靈體構造」，人人都能用靈魂功能轉化痛苦、停止痛苦同時極大化自己的福氣與快樂。

你為什麼誕生在地球？出生在這個家庭？你的人生為什麼會發生那些事？目的是什麼？你問盡全世界每一個人，沒有人可以給你真實答案。因為，你開竅太少！你被命運的力量安排著，你無法從痛苦中開竅，從困境中走出來，所以你無法讓好事一直來、無法極大化你的快樂、福氣、智慧和正能量，同時極小化你的無知、痛苦和負能量。你就像一顆棋子，有一股力量在對你下指導棋，這股由不得你決定的力量，沒有人知道是什麼或是誰在安排。

開竅的人明瞭：正是自己日常的思想、信念和感覺在對人的言行下指導棋，差異是你能覺察到它們嗎？你能優化和揚升它們嗎？你能中止它們嗎？

能，就是開竅甚深甚廣！

多年的學習和閱讀，只要「內容」對了，開竅就會發生，自信、實力、優勢、膽識、愛、智慧、磁吸美好人事物、正向高頻的思言行、愉悅情感和積極肯定語就會上身，人因此擁有創造生命豐沛價值和解決種種問題的能力。

對「對的內容」終身開竅，人的信念和潛意識會因溢滿光明希望能量而活出璀璨耀眼的成就。當開竅到一個高峰點，人會開悟會啟動靈體功能，靈體功能就是能斷、捨、離由頭腦胡思亂想生出的痛苦——能「切斷」思想和痛苦、能「捨去和作空」思想和痛苦、能「脫離和離開」思想和痛苦。至此開始，人就能極大化自己和身邊人的幸福快樂，與人關係和諧。我就是喜歡寫、講、看：「對的內容」。對「對的內容」大大和多多開竅，是我人生最大興趣與樂事！

人生的美好：只有靠自己一直開竅來面對和運用人體這股磁吸美好的力量——去用，用到有感應，用到上天真的應許給你豐厚福報。

生命終極答案：只有靠自己一直領悟人性真相和生命智慧，直到啟動自己的靈魂功能，用靈魂功能駕馭頭腦來轉化痛苦、止息痛苦、不讓痛苦生起，人常生幸福喜樂之感。

幸運的是：造物者對人體構造做了高等的設計，這個高等構造的設計令人想不到，因為它不是頭腦，無法被頭腦想像，它是「靈魂構造」。這就是人類會被稱做萬物之「靈」的原因，靈就是靈魂，也叫靈體，不是頭腦。

- 超強的覺察力、理解力與警覺力是靈魂的功能。
- 真知洞見是靈魂的內涵。
- 愛的靈性情感是靈魂的能量。
- 恆常的平安喜樂是靈體啟動時的狀態滋味。

持續開竅是為了喚醒靈魂，使人可以高度運用自己人體裡覺察、領悟、體驗、警覺、自我反思、換位思考的功能，致使大徹大悟、融會貫通人性的真相。開竅，就是觀念通了、竅門懂了，令人擁有如神般的：愛、創造力、福氣和真知灼見。

只會用頭腦的人，智慧都開竅的太少。想法停不了的人，總在生活中哀聲嘆苦。

誰能從被命運被動安排，到持續多方開竅優化自己人體的磁吸力和創造力，順著這個「開竅的流」發生，就能開始自主的刻意創造自己想要的實物和實現渴望的夢想，主宰生命。

在沒有啟動靈魂功能的時期，頭腦是人體和生活的主人，人類的教養和教育都在強化頭腦功能，用頭腦追求欲望、達成目標，總在享樂之後又在生活中哀哀叫苦，大部分人都這樣活完一生！

只會用頭腦的人，明明可以不用痛苦，自己卻自動想出痛苦。

只會用頭腦的人，追求到的快樂，不管來得快或慢，去得卻很快。

當你看完這本書，幸運的你啟動了自己人體最高階的靈體構造功能，神奇人生開始了。你會練就：讓痛苦的念頭消失、心無情緒擾動、處在祥和喜樂的狀態。你會擁有廣闊開竅和創造美好的本事、人生永遠幸福的依靠出現了、際遇福氣的能量顯現了，你的頭腦、心和人體有最美的主人——你的靈魂覺醒了！

本來頭腦是你人體和生活的主人，現在頭腦變成靈體的助手。靈體是唯一能超越和駕馭頭腦的構造，靈魂的功能能產生愛的靈性情感、智慧洞見、能轉化痛苦、不讓頭腦生起念頭，所以沒有苦受和時間感，每個當下瞬間都處在平靜、自在、放鬆、喜樂的狀態——這是我見證到的靈體真實滋味！

頭腦沒有這本事，去看看你和別人的頭腦，真相水落石出！

人活著，不能不食人間煙火，所以要去磁吸豐盛富有的美好，一定要找到生命永恆的出路和歸宿，去開竅直到啟動靈體構造，取代頭腦成為生命的主人，這不生不滅的靈體會讓你活著就快樂，會讓你嚐到如神般的平靜喜樂——這神性芬芳永恆常在。

外能磁吸美好、顯化願望；內能轉化痛苦、中止痛苦、擁抱喜悅，這樣活的人就能極大化自己的幸福快樂時光！如此美妙的人生就是一趟——開竅無極限的地球圓滿之旅。一直多方開竅的人，地球就是一所無比美麗的學校和遊樂園；總是開竅太少的人，地球就是一個無奈受苦的娑婆世界。

開竅，人生中無比重要的頭等大事！人體欲望的滿足、靈體無欲的喜樂，只給一直多方開竅，直到啟動靈體功能的人同時擁有、享受。

開竅，是創造人生所有美好的起始點，是啟動靈魂功能的按鈕。人體有靈魂功能可以使用，神奇人生由此開始！神奇的事：就是人能極大化幸運、福氣和快樂時光又能嚐到靈體永恆喜樂的滋味——靈體，真神啊！靈體功能，就是神啊！

女人、男人、小孩、大人、老人，你現在最需要的是：開竅，終身開竅，無極限的開竅——讀懂這本書，你會開悟啟動靈體，一切真相大白！

1

開竅女、開竅男——啟動自己的靈體功能

自己是自己人生的天；
自己是生命的救世主。

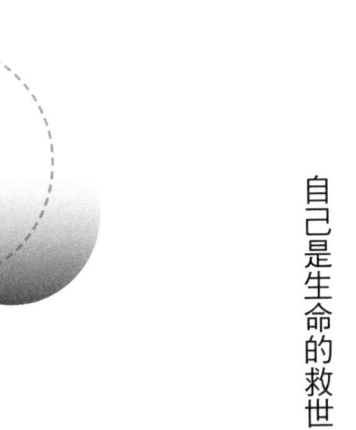

每個人的人體都有一個比頭腦更高的構造：靈體，或叫靈魂。

靈體啟動時：人會嚐到一直喜樂的滋味；頭腦啟動時：人會嚐到苦與樂循環不停的滋味。

我開竅了，原來靈體，才是自己人體、頭腦、心的大老闆。

用靈體駕馭人體、頭腦、心，人活著就快樂，要快樂就快樂。

靈魂功能愈生活化的頻繁使用，人活著會愈容易幸福，愈會創造幸運和福氣。

靈魂的強項就是：極大化自己和身邊人幸福快樂的人生時光。

一、先有樂於學習的心又有會開竅的頭腦。

二、心對頭腦開竅的知識和智慧，有真實的體驗和感受。

三、頭腦持續開竅，心同時體驗感受，生命素質持續揚升，直到啟動靈體！

活著，自己就能時時快樂、與別人同歡樂，讓擁有的一切加倍快樂，看清人性和生命真相，活在永恆喜樂的滋味裡，在我啟動靈體功能時，我能活在這樣的狀態——「靈體能，頭腦不能」，這讓我驚訝不已。人體竟有比頭腦更高的靈體功能可以使用，在我啟動靈體功能時，我竟能自主地切斷苦念和任何念頭、中止苦受，又能自主地生起美好念頭與美好感受，我極大化了人生幸福快樂時光！我是如何啟動靈體功能？我把它寫在這本書中。

／-○-／-○-／-○-／-○-／-○-／

現在，就讓我們來揭開人性和人生真相的全部面紗：

人體有存活的需要和欲望，更有移動、運動功能。

頭腦功能：思想、想法、念頭、想像、聯想。

心的功能：情感、感覺、感受、情緒、情愫。

靈體的功能：高強度的警覺、純粹的覺察、注意看和注意聽。「全然的注意」讓人體不生起欲望、頭腦不生起念頭、心沒有情緒起伏，此時靈體會讓人體呈現心安、祥和、愉悅、放鬆的狀態，只要靈魂出現就是這個滋味，所以被稱做「永恆喜樂」的狀態！同時靈魂功能會用愛的靈性情感、智慧洞見、實用知識融會出巨大創造力去磁吸來人體需要的一切美好，並且和諧地應對自己與他人關係一起共好的連結。

頭腦，是個「只想移動自己，去找快樂」的人體構造。頭腦，是個只是「想」就會替自己或他人製造痛苦的構造。靈魂，是「在這裡不動、移動到哪裡，都很平安、祥和、喜樂」的人體構造。

唯有啟動靈體，用自己的靈魂功能去使用人體、駕馭頭腦、指揮心，從這個時候開始，人才能極大化自己幸福快樂的人生時光。沒能啟動和使用靈魂功能的人，頭腦就只會帶著人體到處找樂子、串門子，天天做著喜歡或不喜歡的事，怎麼活還是叫苦連連。頭腦就是這樣只會移動自己，去找快樂的人體構造；只是想、想像或聯想就會替自己或他人製造痛苦的存在。

人痛苦的或缺少的，正是他對人性真相和生命智慧開竅太少的結果，更是他無法啟動靈體，使用靈魂功能的苦果！

舒服愉悅跟靈魂同在；心安喜樂是靈魂的本質；不動心、不生念頭是靈魂的功能。靈魂就是在這裡不動，移動到哪裡都很平安、祥和、喜樂的人體構造。

來開竅！使用靈魂功能，無論在哪裡、做什麼事，活著，就輕鬆快樂——這是上天透過我要傳達給你的好消息。

生命洞見

家人——我的初心

我寫書的初心和目的是想跟孩子、人們和世界分享我的愛、正能量和智慧洞見。另一個目的是：幫助人們喚醒自己的靈體，使用靈魂功能來解脫痛苦、創造喜樂。意想不到的是：我收獲了一位佳人鐵粉。老婆說她最喜歡的書是我的《52個覺醒的練習》和《讓花開，成功幸福錢來》。她說自己是這兩本書最大受益者，提到我的書她總是眉飛色舞，頻說能讀懂書的人真是好福氣，平時若遇到走不出心理困境的人，不論是朋友或陌生人，老婆總喜歡把我的書分享給他們。

老婆原本是個快樂上班族，能力深獲老闆和主管賞識，本想自己單身過一生，連房子都買好了。人們總會問她看上我哪一點？她總是笑著說：喜歡我的內涵和幽默風趣，對一個走入婚姻的女人來說，雖然我帶給她比別人多好多的歡樂和笑聲，但受的苦也沒少過。她曾說過：如果能重新來過，她希望能回到原本規劃的單身生活。

在婚姻生活中，我常跟老婆分享，我對人性真相開竅的知識、智慧和靈魂如何覺醒的訊息，老婆很少有共鳴也沒興趣，對此我內心常感失落，失落的是從古至今不知有多少人渴望嚐到那永恆喜樂的滋味，我何等幸運能跟枕邊人分享這個奧秘而她卻不感興趣。

老婆和我一同攜手走過二十多個年頭。近年來，老婆的生命素質起了根本上的轉變和揚升。生命素質愈來愈高的人，情感、話語、理智和行為會愈來愈正向、愈美善、人愈能跟自己和身邊人幸福和諧地融洽在一起。

生命素質愈來愈高、愈好的人，靈魂會愈來愈清醒。

靈魂相對清醒的老婆終於明瞭人性大部分的苦受大都來自：

- 自己負面、悲觀、消極的思想。
- 看不清自己和他人人性的黑暗面：居心叵測、口蜜腹劍、惡言惡行、負面想法隨口而出。
- 沒能極大化自己的優勢、優點，改不了自己的缺點，看到的都是別人的問題，就是看不見自己的問題。
- 對人體和人性實用的常識、知識和生命真相智慧開竅太少——自己就是痛苦的原因！
- 人是最重視感受的物種，錢、禮物、讚美身邊人、讓人覺得他很重要、有被需要的價值等等——這麼簡單的事就是做不到。
- 常天真的把他人的話語當真、過度認同他人說法和期望、太過於顧慮和錯誤解讀他人言行、思緒慣性負向編織，因此承受太多不必要的痛苦。
- 認不清和不願面對現實；想法和做法常違背事實真相，沒有營造美好感受氛圍的智慧和創造夢想的實際能力！

╱-◌-╱-◌-╱-◌-╱-◌-╱-◌-╱

覺察到這些人性事實真相的老婆，開始用我分享的方式：

- 書寫對身邊人的愛、祝福和感恩。
- 祈禱自己想望的美好。
- 不表達負面情緒和消極話語。
- 不再提及過往的不如意。
- 能自信表達自己的寶貴經驗與孩子和他人分享。
- 靜觀和靜聽他人言、行，不讓自己的評斷和情緒介入他人的劇情。
- 在生活中隨時使用高強度的警覺和覺察力，讓頭腦處於無念、心處在福樂祥和狀態。

老婆已能開始領悟和體驗我書中的內容，在跟我交流或聽著我話語的瞬間，身體常常起雞皮疙瘩，對此現象她驚呼不已！老婆的靈魂甦醒過來了，雞皮疙瘩正是人體裡的靈體能量被觸動的開竅反應。

擅長繪畫的老婆，畫作寫實細膩，看到作品的人無不驚呼連連：這是怎麼畫的？老婆畫一幅畫短則幾個月，長要一年以上，作品不多卻彌足珍貴，連我都愛不釋手！心境揚升的老婆生起感恩的心，想創作畫作送給長久以來實質幫助她的貴人。會時時感恩天、地、人、萬物的人，心情會好好，這是智慧開竅的人，自然天成的好習慣。會常常感謝眾人的人，福氣會好好，這是智慧開竅的人，活出喜迎財富、貴人的福星特質。

在我的人生經驗裡：只要活出的優勢愈多、洞悉人性真相愈透澈，人就會超越命盤、星座、風水之說。要愈活愈好命、愈好運的人，就要去開竅出更多的優勢、優點、擁有豐沛創造力與真實可用的人性知識與智慧——正中命盤靶心！

十年磨一劍：堅定目標做個善良可親的人，持續開竅進步——創造，一直創造所願的美好！一切的幸運和福氣，皆始於人的學習心：會開竅、能領悟、有體驗、敢創造，以此循環！

厲害的人面對生活平順與否，都會做同樣的事：持續學習、開竅卓越自己，直到自己擁有被大大需要的生命價值，直到自己能啟動人體最高構造：靈體功能——這是我獻給世間人的靈魂洞見，願你開竅而行。

比起啟動靈體，人生其他事真是小巫見大巫。

三十八歲那年，我喚醒自己的靈體，奇蹟是：我竟能使用靈魂功能嚐到開悟見性的滋味！多年後，奇蹟再度來訪，老婆竟然也嚐到靈魂真真實實覺醒的狀態和滋味！我驚呼於命運如此安排，從讓我感到失落「轉變」到雀躍歡喜，這一百八十度的轉折真是人生最華麗的轉變。老婆的靈魂已能開始駕馭自己的頭腦，比起啟動靈體來過日子，人生其他事真是小巫見大巫。

無數人來地球活一生，都只活在頭腦自我欲求而生苦、樂的世界、都只活在頭腦念頭停不了，想法變來變去、情緒起伏不定的世界。人體一但「只」被頭腦掌控，「只」被思想使用，想要快樂的欲望和苦念便無法消失，苦受就難以轉化和停息。

頭腦想法一動起來，惱人的事情就來了！

頭腦不受靈體駕馭，生活和人生就只會是「苦樂苦樂苦」地一再循環。

不由自主的想像和不當的聯想，總讓人在平時的生活中生出不安的負面感受。

除非開竅「刻意去想像美好」，否則頭腦想的大多是讓自己和他人不好受的想法；人開悟「使用靈體的覺察意識」，讓任何念頭不要生起，就能讓苦受消失，平安喜樂浮現。

當你用我的訊息和方法啟動自己的靈體功能，你仍然要對生活和人生有益、實用的常識、知識持續開竅，才能極大化生活的快樂時光，助益與療癒自己和身邊人，這正是覺醒：啟動靈體功能，人生和生命才開始的真相，無數人以為開悟見性了，什麼都懂了，只是自欺欺人。

現在到未來：你滿意自己嗎？你得意人生嗎？

唯有頭腦順從靈體指揮，人才會有「滿意自己、得意人生」的感覺！

現在就去感受自己的快樂和痛苦，是不是來自有欲有求的人體和頭腦？欲求常滿足，人常快樂；欲求常不滿，則不好受。偏偏頭腦是個永遠不滿足、不會常知足、自己嚇自己、要別人滿足自己、無法圓夢實現理想的構造，頭腦甚至還是個貪婪又無恥的構造——每個人的頭腦都大同小異。

頭腦無法靜靜的活，一定要有他人、他物、他事才會快樂，頭腦無法讓頭腦無人、無物、無事、無我而快樂的活著。但靈體能，人體所有構造就只有靈體能自得其樂，只要靈體一啟動，人就能感到無比安全平安的快樂——唯有靈體能讓你：活著就快樂！

現在就去看看自己大部分的思想：是不是

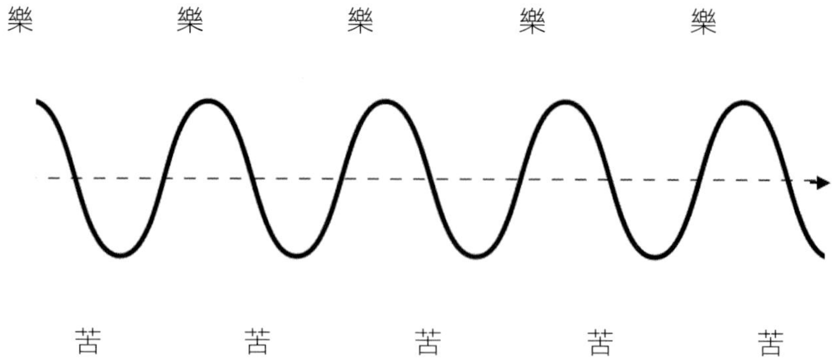

波浪線：頭腦主導思想和心情。虛線：靈體功能在人體裡不作用

圖一：用頭腦功能主導日常生活的狀態和滋味

沒有經過你同意就跑出來指揮你，變來變去讓你失去覺察？情緒是不是也跟著變來變去的念頭，上下起伏不定？頭腦總是很難讓自己平靜和諧，常對自己、對別人、對現狀不滿又對未來恐懼，人體常感緊繃、壓力山大，我想你的答案：就是「是」。

沒有啟動靈體、使用靈魂功能的人，頭腦類型都一樣——幾乎你看到的人，頭腦大都這樣在運作。震驚嗎？你的頭腦竟是相同的類型！

用頭腦功能活一生，「苦樂苦樂苦」的波浪人生：如右頁圖一。

來開竅，啟動自己的靈魂本體，你的頭腦類型就會「高人化」、「神性化」。唯有頭腦得力於靈體而作用，人才會滿意自己和人生！

用頭腦過日子，就是樂、苦、樂、苦的無盡循環。

用靈體活著，就只有寧靜、喜悅、祥和、自在之感。

用頭腦功能做人體主人：「思想、念頭、看法、見解、推論、想像、聯想、情感、情緒、情愫、感覺、感受、欲求與慾望、需求、渴望、話語、行為、反應、意圖、動機、個性、習性、習慣、愛好、興趣、嗜好、習慣、評斷、批判、信念、潛意識、顯意識和性格」這些綜合表現就是人性，就是每個人的生命素質，是每個人散發出的磁場。生命素質會隨頭腦開竅的程度產生優化正向化，成長無止境——樂在學習又會大大開竅的人，都在品嚐這個成長進步無止境的滋味。

重點中的重點：每個人的生命素質就是他的能量磁場，磁吸人生路上的人事物來到生命中。

生命素質會隨頭腦對「人性真相瞭解太少」以及對「生命真知智慧開竅太少」造成劣化。劣化會使生命素質僵化、負向化、認知低層次化，一輩子定型難以改變，苦樂接續！唯有多年不斷提升生命素質，人的表現才會令人刮目相看。你意想不到的人，多年後展現和創作出來的價值竟如此令人仰望，這就是靈魂愈活愈清醒的人，他的頭腦既精明又清明，創造力大爆發。

生命素質的提升主要是由：一個人持續對人性眾多領域開竅，在進步的過程中培養出高度領悟力和理解力，讓人輕易看見對己對人皆有益的美善價值，同時讓自己不好的思想、情緒、習氣和缺點的危害降到最低或消失，進而優化整個生命素質和生活品質。

高度領悟力和理解力，正是人「由簡由淺由易」「而難而深而廣」的對人性知識、智慧和真相持續開竅，一路慢慢昇華而出！學習、聽講、閱讀和真實經驗，除了專精技能之外，在領悟力和理解力高度發展時，人會再昇華出高強度的覺察力、警覺力、注意力，至此融會貫通和觸類旁通的智慧洞見才會展現，這是我觸發靈魂覺醒，啟動靈體功能發生的真實歷程——這整個發生正是開悟的指標。

唯有靈體高強度的覺察力能校正自己的思想、言語、行為、情感。啟動靈魂功能，從此人生不再卡關，關關會過，日子大大好過。

頭腦很難對自己的思、言、行和情緒進行校正，一個人只使用頭腦：人生卡關，關關難過，生活難過——苦樂苦。

臉上的光與正氣不足，此人心思不對勁了。

人愈活愈無睿智祥和的臉，此人靈魂不靈了。

靈體的高強度覺察力會展現：光、正氣和睿智祥和的臉！

會詐騙、慣性說謊、以惡言評論、以惡行對待他人、意識形態極端的人，講來講去都是同樣模式的那些無益之話，會講人是非、心術不正、常生負向情緒、慣性言語抱怨和爭論等等，這樣的人，頭腦理智總是開竅太少，生命素質肯定不高也不優。

造惡再行善的人，除了要減少其內疚和罪惡感之外，還想要藉做好事保佑其平安和發大財。造惡謀生的人，會掛著一個沒有良心樣的臉，壓根兒不甩生命素質的優化昇華。每個人散發於外的磁場能量：是「受自己思想」、「連動情緒感受」長期累積而成——啟動靈體，你會看見實相，感受到他人散發出各式各樣的人體能量。

只用頭腦活的人，永遠會被外貌和言語蒙在鼓裡，因為頭腦看到的是表象表相，靈魂的覺察力才有掀開表象表相的高等功力。

去注意自己心思言行和動機良善程度，它會反映在你的臉上並散發出磁場能量——生命素質層次高的人，才配稱為：好美、好帥。

／-◌-／-◌-／-◌-／-◌-／-◌-／

頭腦功能常隨自我欲望、處境和外界人事物的刺激起不同反應，讓人時時活在「樂、苦、樂、苦、樂、苦」的消長變化中，如「波浪循環」（第28頁，圖一）變換不定，使人茫然空過一生。

● **波浪線**：就是人用頭腦活一生的狀態，經常隨思緒和情緒變換，差異在於樂、苦出現頻率和時間長短，一大早醒來就是這個波浪線，全天都是這個波浪線，想法和情緒波動不停，用頭腦過活，人生會有歡愉，卻有更多煩心之苦，總感到有缺、有悔、無出路。

● **虛線**：就是人體裡的靈體，我用虛線是表示它存在，卻沒有被使用，一直沉睡在人體，絕大多數人並沒有覺察到自己有靈體可使用就離開地球了。這是因為頭腦沒有持續多方開竅，生命素質沒有在真實的生活中同步揚升，致使靈魂功能不起作用，無法停息波浪線。

當靈體因人的開竅和領悟慢慢覺醒，虛線就慢慢明亮起來，當人可以把靈魂功能運用得駕輕就熟，虛線就變成超亮實線，波浪線會消失，即思緒、情緒和苦樂消失，此時祥和喜樂浮上心頭——

就是靈魂覺醒在當下！

我正透過我的書跟你分享這滋味。

靈體啟動機率：隨著生命素質優化和揚升會愈來愈高。靈體沒有啟動，人和頭腦惑惑惑呀！苦浪會密集的來。

人在出生後的思想、念頭、看法、見解、推論、想像、聯想、情感、情緒、情愫、感覺、感受、欲求與慾望、需求、渴望、話語、行為、反應、意圖、動機、個性、習性、習慣、愛好、興趣、嗜好、習慣、評斷、批判、信念、潛意識、顯意識和性格等等，會被添加到人體和生命中來，每個人都各自活出自己獨有的綜合體，人生滋味各自品嚐——這些綜合體正是人性真相的一部分。

這些都是人誕生後被添加來養活和束縛人體的產物，開竅就是去運用它們來美好生活，開悟是去啟動靈體解除它們的束縛，這個美好人體幸福的發生，對我來說只是我的生活：熱愛學習和持續開竅的自然結果。

這些生命素質會經由人體需求、欲望、頭腦思想和心的情感、情緒功能，主導著每個人的生活和命運！

技能開竅、知識開竅、智慧開竅、生命素質優化揚升、對人性真相一直持續大大開竅的人——這是人：自己靠自己，拉自己一把的最佳做法和最大機會！我喜歡這個發生，我不知道人類在修行什麼？人生和生活要美好就要多方領域開竅：這是我的靈魂洞見要給人類的啟示！

人就是被生命素質這些綜合體多重束縛的物種！

當一個人在說著「我」或「自己」時，到底是綜合體裡的哪一個在發號司令？頭腦不明不白，造成人很難認識自己，也很難瞭解人性，改變不了自他，造成每個人都把自己的人生、與他人的關係搞得複雜難解。

生命素質極高的人，才會提供好示範、好身教、好典範產生影響力。這就是卓越領導人很稀少的原因！生命素質愈活愈高的人，有天會成為一座無法攀登的高峰，素質一成不變或劣質化的人，別對他期望太高，事實會讓你失望，即使他功成名就，你也不會喜歡和他在一起。

每個人的生活都由自己的生命素質所主導，人出生後開始被教養，被接觸的人事物影響，形塑成現在的樣子，人根本不知道是自己和他人的生命素質在使力、在美好、在糾纏著自己的人生。

／-○-／-○-／-○-／-○-／-○-／

時代，新了！

要開竅、要開悟，就要有真正務實的新做法。

守著老舊修行之法、執著（單一教主、教法、靈修心法或某人）、誤以為功名富貴是幸福的泉源、只想安穩工作，沒有優化生命素質，沒能啟動靈體功能，想創造美好人生，此路早已不通：我的靈魂忠言，你的頭腦，別逆耳！

終身開竅就是揚升生命素質，這是解開與解脫人體多重負向素質束縛的最佳做法！

最簡單、最容易成功的做法就是把注意力集中在思想、理智層次持續提升，同時使情感感受到愉悅美好的訊息，長期把自己的注意力投資在這裡，讓生命素質持續提升，直到啟動靈體功能——這是我的方法！

一直讓思想和理智一再地對人生實用知識和生命智慧多方開竅、領悟，永遠要再高一點、再廣一點。

一直讓情感能真實體驗思想和理智開竅和領悟到的狀態與滋味，對人生和人性真相永遠要再透澈一點。

這個發生的有無，決定一個人生命素質的優化或劣化！優，則人生好好；劣，則人生壞壞——隨年齡愈增長，愈見真章！

思想和情感，正是帶動生命素質揚升或低下的關鍵，也是決定靈魂能否覺醒的關鍵，我喜歡把自己的人生當做事業經營，思想和情感能在日常生活中持續開竅揚升的人——人生鴻圖大展、事業昌盛興隆。

自己生命素質發展不高，才會吸引爛人糾纏在爛事裡，這卻是人生最需要斷捨離和遺忘的——靈魂清醒指數愈高，才會愈活愈美好，同頻共振、物以類聚：生命素質美好的人，最會運用磁場能量磁吸美好！

「思苦、想樂」是頭腦的天性本質，「一思就苦，想樂卻常不可得」就是頭腦功能，頭腦守護不了、也給不了你滿意的人生。

「不思、不想」和「正思、想好」是靈魂的天性本質，這就是為何靈體構造比頭腦更高階，還能駕馭頭腦的原因。只要用靈體駕馭頭腦活著，人的幸福滋味就能源源不絕，等到頭腦過度活躍，靈魂不作用時，「苦樂苦」的思緒和情緒又出現了。

／-◌-／-◌-／-◌-／-◌-／-◌-／

頭腦沒有盲目和無知，人生怎會苦、樂、苦的循環不停。

不好學習和開竅的人，頭腦思想的盲目與無知就愈多，下面人性真相告訴你：

盲目地憤世嫉俗、盲目地陷溺在與人關係不佳的泥沼中、盲目表達負向情緒和話語、盲目活在特定意識型態中、盲目地找樂子卻承受痛苦、盲目地沈睡在不好的個性和嗜好中、無知地對問題感到困惑、無知地自以為自己很善良是個好人、盲目地吸引或喜歡生命素質一直不佳的人——真相是：只有啟動靈體功能的人，才會看見自己和他人的無知！真相是：只用頭腦活人生的人，天天都在盲目與無知中而不自知。

用靈體活人生或只用頭腦活人生，二者的人生滋味千差萬別、天差地別！

不知為何目的而活？不知為誰而活？不知活著的價值與意義是什麼？

無數人現在就活在頭腦「思苦、想樂」的天性本質裡面！只用頭腦活人生的人，一定會一直問：活著到底為了什麼？會這樣問，就表示人擺脫不掉自己頭腦「思苦、想樂」又「事與願違」的無奈循環裡。

當我啟動靈體功能後，便已不再問：「人活著的目的和價值是什麼？」靈體啟動，頭腦思苦、想樂的天性本質就瓦解了，此刻我的靈魂處在心和思，即為如如不動的當下，嚐到的只有祥和喜樂的狀態與滋味。此時的我，人生已無任何問題，不需要答案——這開悟見性的滋味，是我活著的目的與價值。

只用頭腦活著，生活天天上演：苦樂泡泡輪流冒泡。

當我啟動靈體駕馭自己的頭腦和心情，活著是多麼地自在喜悅，會使用靈體功能的人才會懂永恆喜樂和苦樂循環不停的差別。

平常獨處時和不處理生活之事時，我就喜歡和自己的靈魂本體在當下面對面！在當下——無思無苦，覺察天地大美、享受身邊的美好。

只會用頭腦的人，千萬別太相信自己和別人的善良——善良的根基是靈體啟動的靈性情感和高等智慧的產物。靈魂相對清醒的人，才能躋身「善良」、「創造美好」之流。靈魂愈清醒，善性愈流露！

生命素質愈活愈高，會愈來愈善良，同時不太會被欺負，因為他的人體磁場能量不喜歡碰觸心思不正的人、他的知識很會解決問題且很會創造美好，他的智慧超會守護自己並懂人性，吞得下羞辱和批評，我就是喜歡這股能看見和穿透人心的靈魂直覺洞見！

去玩人生：玩生命素質的揚升，一直玩到啟動靈體功能，頭腦、心和人體的束縛被靈體優化和解脫。

人生的價值和意義是什麼？不要再為難頭腦了，它給不出讓你滿意的答案。只有靈體，祂會用活著就喜樂告訴你，不用再苦心追尋生命的價值與意義！

學習、領悟、體驗、感受，四方合一，思想和情感就會日日揚升，人就能開竅出大智慧，開悟到嚐到佛性、自性的滋味，這就是啟動靈體功能的按鈕，你！現在就按下去！

漸學而開竅：漸漸學而開竅出專精技能和領悟出大智慧——這本書的訊息就是要讓你開竅而卓越再到開悟而喜樂，多麼美啊！

頓悟而見性：當下開悟而啟動靈魂本體，嚐到純粹覺察意識作用時頭腦無念狀態——這本書的練習方法就是要讓你嚐到靈魂見性的滋味，多麼好啊！

事實和真相透過文字和話語表達，會因人的認知層次和生命素質各有各的解讀，世界才會吵鬧不休，這是真理不可說的原因，況且嚐到真理只是一種滋味——唯有靈魂會嚐到真理滋味。

如果你要我說出一句真理。

我說：一切都是發生！你要如何面對發生？你要讓什麼發生？這一句供你開竅、領悟、體驗——我要讓靈魂功能啟動，主導我的人生，我要讓這個發生。

如果你問我，人生最美的發生是什麼？我說：能活出被眾人需要的價值，創造富足豐盛的成就感、品嚐靈體啟動那開悟見性的平靜喜樂滋味，終止苦樂苦的波浪循環，這是當人最美的發生——這兩個發生，我大大推薦給你。

我不知自己的先天慧根如何，我只知道：我很早就有一顆樂於廣學由淺而深而悟的心，隨著對人性真相和靈性智慧多方開竅，漸漸發展出高強度的覺察力、警覺力、注意力、理解力、領悟力和創造力，走上長期優化和揚升生命素質的成長之路，好特質就隨身，壞素質就脫落消失——改變自己，把自己愈活愈好，就這麼容易啊！

生命素質僵固化、劣質化：壞習性、壞個性、壞習慣、壞嗜好、壞情緒、壞情愫、壞性格就根深柢固——改變自己好難呀！別把自己活成這樣子，別找這樣的人來當伴。偏偏環繞在我們周圍的人，生命素質很早就開始僵固劣化——因為，他們的興趣從來不是對自己生命素質的成長使力，沒有學習進步的事項安排，你對這樣的自己和身邊人，還能期待什麼？

／-◇-／-◇-／-◇-／-◇-／-◇-／

生活中的問題和痛苦，都是「生命素質低於問題和痛苦的層次」所造成。

生命素質非一朝一夕可以高度揚升，這讓人無能創造美好現況，又陷入「苦多於樂」的波浪循環中。學習、開竅、進步、揚升無極限，請你早一點、快一點跟上——讀懂這本書，你的生命素質將大幅躍進，本書將顛覆你的認知，讓你的認知層次攀登高峰，從此生命有了真善美獨有視界、觀點和體驗。

用靈體功能「駕馭頭腦、心和指揮人體」，人活在永恆喜樂之中。如左頁圖二。

用靈體活，人「一直喜樂」永相隨——這是頭腦活不出的生活。

用頭腦活，人「苦樂苦苦」永循環——這是無數人都在過的生活。

靈體啟動：人用靈魂功能駕馭頭腦、心和指揮人體，此時頭腦思想引發的苦樂情緒波浪會消失。虛線變明亮直線，靈魂主導人生、主宰生活，人會樂活在創造和享受人間福報，同時樂在覺察無念的空無裡，這是開悟見性後的真實人生。

靈魂會用愛、知識、專業技能和智慧洞見創造需要的滿足，享受擁有，極大化人生幸福快樂時光！靈魂會希望人能豐盛、富有、滿足。靈魂洞見不會要人貧苦困乏！別再「去搞、去說」，不用自己的創造力來創造想要的美好生活，一味在講空、講無、講無分別心、講涅槃、講來世極樂天堂——這是沒有開悟見性的頭腦鬧出來的偏見笑話。

靈體啟動：靈魂駕馭頭腦、心和人體

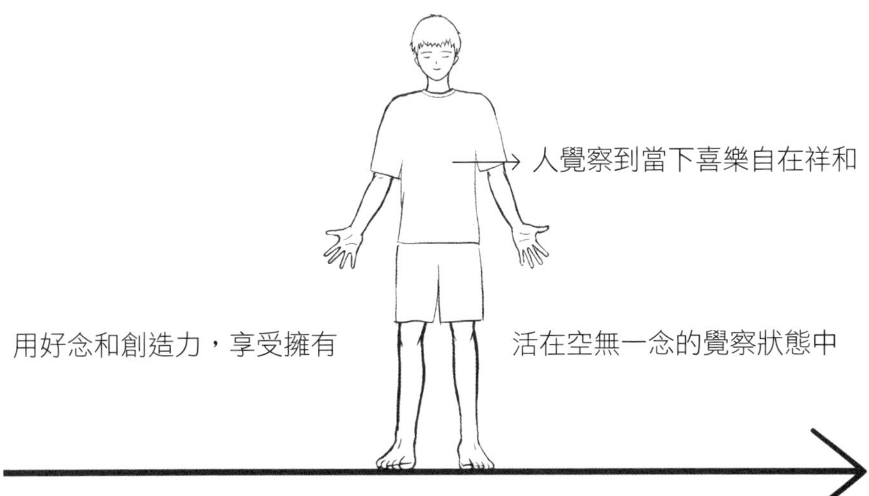
人覺察到當下喜樂自在祥和
用好念和創造力，享受擁有
活在空無一念的覺察狀態中

圖二：靈魂功能作用時的狀態——享受擁有、樂在無念

記住！天賦創造力，在你人體裡，等你開啟，去創造想要的美好。

記住！天賦神佛自性在你人體裡，等你開竅開悟，啟動靈體「覺察到無念」，品嚐自性喜樂滋味！

頭腦就是「有」思想、心就是「有」情感、人體就是「有」欲望和需求，沒有開悟見性的人就是不能沒有這個「有」。

有「有」，就有好有壞、有對有錯、有得有失、有善有惡，於是每個人活著就有樂有苦。大部分沒能使用自己靈魂功能的人，就會用頭腦的想法對人對己苦苦相逼，但也能或多或少創造快樂！

用頭腦執行人體欲望、達成目標、實現夢想來享受快樂，是每個人出生後都會追尋的歷程。想活出生命豐盛富有的人就要好好去圓夢，真的去達成目標，人生才有快樂的成就感可言，這是頭腦可運用的實用價值。所謂「有頭腦」就必須是這個可廣泛與人交換價值、創造成就的頭腦。

在此同時，務必開竅：只用頭腦功能活人生，進退無路、思想和情緒波浪循環不止，是人遲早要面對的事實。這條只用頭腦走的路，只會讓人有出息，不會讓人找到除了波浪「樂、苦」之外的人生路。

用靈魂駕馭頭腦，懂得享受人生的快樂又能「停息」波浪不停的苦受，走上這條路，不僅讓人有出息，更會讓人找到人生：解脫頭腦造浪和多重束縛的出路——用自己的靈體來與自己和天地人萬物共享永恆喜樂的幸福之美。

／-○-／-○-／-○-／-○-／-○-／

我來教你——**啟動自己人體裡的靈體功能，喚醒靈魂來止息「苦樂苦」的波浪循環方法**：

啟動靈魂功能的「簡單練習」：現在就去「看」和「聽」，先選擇一個標的物「去看去聽」，真的看不到念頭生起，聽不到念頭在吱吱喳喳，察覺到這個感覺，就是靈魂覺性或自性在作用了。覺性就是靈魂高強度的覺察、覺知、警覺和注意力。它作用時，人體和頭腦被「純粹覺察」給駕馭了，靈魂超強功能——「可以不起心、不動念」和「只會生起愛與真知洞見」——是多麼奇妙啊！

純粹覺察和純粹意識中的「純粹」，就是觀看萬事萬物，不加入、不滲入自己任何的念頭、概念、名稱、文字，只有超強的覺察和警覺意識在人體起作用，此時，人體會呈現安樂、祥和、至福之感——純粹覺察之美在此！我就是喜歡一醒來就活在這純粹不加入念頭的覺察滋味裡——這滋味是：福樂喜悅！

多多練習這個「純粹覺察」來啟動靈魂功能——你會跟我一樣「喜歡靈魂喜樂」的自己。

對我書中的種種訊息請多多開竅——你會擁有創造價值和被人需要的能力，你的靈魂洞見會療癒自己和身邊人。

純粹覺察，就是看、聽和感覺萬事萬物，不加入、不滲入自己任何的念頭、概念、名稱、文字，只有極致超強的覺察和警覺的注意力在人體起作用，人體才會呈現安樂、祥和、至福之感——能讓純粹覺察發生，就活在自性、神性、佛性裡。

生命洞見

永遠的幸福

不久前，老婆用感恩的口吻跟我說：她做夢也想不到自己能嚐到靈魂覺醒的滋味，她感到無比的慶幸也很不可思議。若有下輩子，她還要跟著我，希望我能再帶她一起走上開竅覺醒之路。聽到這突如其來的話語我震撼無比，我明白老婆真的嚐到了靈魂甦醒的滋味！因為從後悔走入婚姻、希望回到單身生活，轉變到若有下輩子還要再跟我一起走上開竅的覺醒之旅，若非嚐到如神般的靈體喜樂滋味，她的生命不可能發生如此巨大的轉變。

老婆啟動自身靈體，找到自己的「天」、自己的「主」。她的人體和情緒已開始不被頭腦胡亂思想給指使，能用靈魂功能駕馭頭腦：讓其生好念頭也讓頭腦不生任何念頭，沒有樂苦的波浪只有直線永恆喜樂的大海，她能活在這個內在境界中，真的可喜可賀！

女人和男人都可以嚐到開悟見性的滋味：在今生，不用出家也不必是教徒，是單身或結婚都一樣可以——我親證如此發生，就在現在這個時代！

如果，你只想靠至上的教主來賜恩賜福救贖接引；如果，你只想依賴單一靈修心法來過人生；如果，你現在或未來去緊抱某個上師或組織，壓根兒沒想過要自己親嚐開悟見性滋味，那你被人影響成為門徒、被人拉去當教徒、花大錢去靈修禪修，可能也只會用到頭腦功能來生活，還是會一直活在苦樂苦的波浪裡——這題我又算準了，對吧！

天：指的是人體唯一可以讓人幸福依靠到永遠的功能，活在平安喜樂的狀態裡，只有靈體有這功能，頭腦沒有。

主：指的是生命的主人和人生的救世主。只要用靈魂功能駕馭頭腦、心和人體，人就能拯救陷入頭腦無知泥淖的自己，從思想的恐懼想像中、從心的不安情緒和不好的情愫中、從人體的緊張緊繃中解脫。

痛苦：正是頭腦妄念——生恐懼、心生——憂傷悲而束縛——人體的感受。

解脫：講的就是用靈體功能解除惱人思想、心生恐懼、人體壓力山大的束縛，人嚐到無邊無際、自由自在、輕鬆喜悅的平安氣息。

只要靈魂功能起作用，覺性意識就能讓頭腦不生起念頭，思想和情緒的波浪就會消失，人就活在平靜喜樂的狀態裡。只要靈魂不在，只有頭腦的念頭在，人就活在「樂苦樂苦的波浪循環滋味中」，從年輕到中年到年老（第28頁，圖一）。

「光亮的直線箭頭」表示靈魂出現，人的喜樂永恆不滅，這是人從地球的現在到生命要能永恆不滅的最好出路；「直線箭頭」是靈體不生不滅無老無死，喜樂開始到永恆。波浪是頭腦生生滅滅，終了飛灰煙滅，所以只用頭腦或被頭腦所用的眾生，人生終無出路！

> 無時間感＝當下＝永恆＝不生不滅＝億萬分之一秒，人用靈魂純粹覺察活著＝過去心不可得、現在心不可得、未來心不可得的狀態＝極樂天堂滋味——當我活在無念頭的「覺察中」，我揭開這萬古真相的恆等式！
>
> 頭腦不懂永恆、不懂當下那純粹覺察的喜樂，所以編造了天堂國度、極樂世界讓人寄託，但——靈體功能即是天堂也是極樂，再次真相大白。

永恆就是在每個瞬間都活在警覺無念，一瞬接著一瞬而無念頭、無苦受、無時間的狀態！當念頭跑來跑去、想來想去，永恆不見了，時間束縛出現了，過去、現在、未來的分別心出現了——苦樂苦又起循環了。

在瞬瞬中，覺察到無念頭存在、無情感擾動、無情緒起伏，活在此狀態，就是過去心、現在心、未來心不可得的意境。「瞬瞬」，就是當下，就是永恆，就是純粹覺察不消失，就是覺察到那股覺察意識在作用——這白話經文，你開竅了嗎？

若是一分一秒有時間的活，活出的大都是頭腦波浪不得平靜的生活——人人都在惱人的世界苦惱著！波浪，就是頭腦找快樂、找煩惱的生活。

從古至今，不知有多少人嚮往靈魂覺醒，卻只走在頭腦暗黑的思想裡，研究自以為莫測高深的古老真理、念著不明不白的經文咒語，心魔思見依舊在，幾人覓著了路？從容光煥發活到枯老容顏，人身無神味亦不得佛性——頭腦念念不停哪能見性？答案是——不能！

啟動靈體，讚嘆創造宇宙源頭的那股力量或能量，我何其幸運能用自己的靈魂，覺察到無形無相的宇宙源頭能量，這開創天地之始的能量，在我人體內外被我的靈魂覺察意識捕獲了。

在不享受外在的擁有時，我的靈體能享受覺察到這股天地之始的平安喜樂能量——對此享有，我萬分慶幸感恩。

自己是自己的天，就是有能力、有智慧共生共好在這個美麗的世界。這個天和主就是人體裡的「靈體」。一旦啟動，開竅就無極限，福慧自然雙有。靈魂功能沒有啟動的人，心情和命運都被自己的思想和他人、他物以及外在事件主導，別人是他的天、他的偶像。當頭腦思想成為自己的天、成為自己人體的主人，頭腦想法群魔亂舞，天隨時會塌下來，壓垮身心，苦味無盡期。

為何靈魂才是自己的「天」和生命的「主人」，不是頭腦？

因為頭腦擅長生苦念、造苦受，而且是自動自發的聯想不受人控制！只有靈魂的覺察、覺知、警覺功能，可以自主地讓頭腦不生苦念和苦受，活在「看」和「聽」萬事萬物，都看不到念頭、聽不到念頭，人處在「毫無苦受的感覺裡」，這毫無苦念和苦受就是永恆平安喜樂的滋味。

當人就是要活出這個滋味，不是這個發生，那學習的目的是什麼？是在修行什麼？上什麼靈性課程？當教徒做什麼？在閱讀什麼？——你要有自己的態度！

豐盛喜悅，講的是頭腦已被靈體駕馭的人生；豐盛富裕，講的是有錢又有靈體功能可使用的人生。最美的人生就是享受擁有之樂，也享受品嚐到那無形無相之空無一念狀態，這人生大美只給啟動自己靈魂功能的人品嚐——我就是能用自己的靈體享受得到，才寫出這樣的話！

去創造你想要的擁有，去享受它，這是人生之旅幸福的前提——全新時代就是要擁有創造美好的知識、技能，就是要開竅領悟生命真相智慧，啟動自己的靈體功能：活著就快樂。

要開竅，先要有一顆海納百川的學習心，要能萃取各方智慧精華；總能看見自己的缺點，修正自己的錯誤；精通小我普遍的人性面；喜歡自己，同時能原諒自己寬恕別人；願意釋放掉過往的傷痛和不如意，不再去抱怨、怪罪和批判他人和外界事件；明瞭自己的痛苦，大多是頭腦不當的聯想，重要的是去對身邊人表達愛、感恩與祝福，為世界帶來光明和希望。

要開悟，就必須把自己對人性多方開竅的領悟和體驗，轉成啟動靈體功能——靈魂覺醒！靈魂洞見是人指引自己、指引他人；療癒自己、療癒他人的「光」，頭腦的看法和觀點只有微弱的亮點，很難有光，這本書正在用靈魂為人們和世界點亮光！

我和老婆是彼此的伴且互為靠山，我和任何人或名利都無法成為老婆的天，只有老婆自己的靈魂才是她永恆平安喜樂的庇護所！

希望老婆能常常活在靈魂甦醒的狀態，回到自己靈魂的懷抱，在那裡：人只會警覺當下、不會為對錯爭吵、不會胡思亂想、不會擔憂焦慮恐懼。所以能享受無憂無慮無苦、無有恐怖害怕，宛如天界仙人過的美好時光——我看見老婆很喜歡活在這樣的時光中。

生命素質不高或低劣，婚姻就是愛情的墳墓。
生命素質在婚姻中，「磨」而揚升好合，婚姻就是愛情的延續。兩個伴侶在快樂的學習中正能量成長、在痛苦中開竅出愛和智慧，雙雙啟動靈體，彼此感謝對方，從此婚姻進入了真善美的境界。而單身之人能使用靈體功活著，人生也才會有真善美的可能！
記住：愛就是給予和感謝，愛就是神，有愛之人必收獲滿滿恩典與福分。感謝有你、有妳——美好際遇和幸福關係由此開始！

人們以為自己目前最需要的是金錢、是事業、是名利、是貴人、是愛情、是伴侶、是幸福、是好福氣，這些因人而異而重要。但是，人們不知道從現在到永遠他最需要的是開竅，是那大徹大悟融會貫通的覺察力、理解力極致綻放，對事業、對金錢、對關係和諧、對瞭解人性、對商業運作、對貴人、對命運、對覺醒開悟的智慧持續開竅。

觀念通了，會時時用靈體功能，自己就是自己的天，靈體才是你今生唯一的救世主——原來，所有的經文和真理宣說的都是靈體啟動時的狀態和滋味！我將在下面章節用白話補上那前所未有的靈魂覺醒和開悟見性的練習與做法。

開竅女、開竅男——持續開竅的人會贏在起跑點，一開始就做對了、活對了、贏定了。開悟女、開悟男——從現在開始「你會笑到最後、妳會樂在永恆」。你的靈體就是自己的天、自己生命幸福的主人。

- **對成功開竅**：用自己的知識、勇氣、專業技能和人品去整合眾人的能力，成功聚才勇敢圓夢，在一起創造成功。
- **對金錢開竅**：自己活，需要一些錢。跟他人一起生活，需要多一些錢，生活豐盛富足，人才會心安自在。喜歡金錢的意識和創造金錢的能力，想要超有錢的人就要提前擁有。
- **對人性開竅**：投其所好，避其所惡，給人所需，你給出去的都會回到自己身上。想好的、說好的，給好的，好事好運自然來。
- **對貴人開竅**：歌頌友誼萬歲，關係和諧共好，貴人恩人就在你身旁。家人、親人、朋友和他人引薦，都有可能是你的貴人恩人。
- **對命運開竅**：自己是自己思想的受害者和受益者，沒有開竅，很容易就成為接收別人言行的受害者或加害者。發起的思維就是要充滿光明希望，同時跟心的喜悅同步，發起思維的不同，創造了每個人不同的命運。
- **對覺醒開悟開竅**：你能夠感覺到沒有念頭時的狀態嗎？你能夠嚐到念頭生起前的滋味嗎？你能

夠停在上一念和下一念的間隔中嗎？拿掉你現在的想法和「沒有你現在的想法」，剩下的就是你的真我、遇見的就是你的本來面目、看見的就是真實的實相世界、活出的就是自己的「天」、找到的就是自己的「主」，因為你啟動了自己人體裡比頭腦還高階的靈魂構造功能。

我開竅了，原來靈體，才是自己人體、頭腦和心的大老闆。

你現在最需要的是開竅——終身開竅。因為你痛苦的或缺少的，正是你沒有多方開竅的結果，沒有啟動和極致使用自己靈體功能的苦果。

去開竅，綻放自己的精彩，成功幸福錢來——閱讀的人就是要讓它發生在自己身上。

去開悟，啟動靈體，活著就平安喜樂——閱讀的人就是要讓它發生在自己身上。

開竅無極限——啟動自己的靈體，一切真相大白！

保持高度警覺，我將帶你做啟動靈體功能的進階練習。

2 啟動靈體功能的方法練習

活、看、聽：多方純粹覺察、高度警覺——不動情緒、不生思緒真的發生！

如果人不滿意自己的過去和現在的樣子，表示他沒有「善」用頭腦的正向美好功能。

如果人對自己的痛苦、空虛、無聊、惡習、壞個性和缺點沒輒，表示他沒有用到靈魂的警覺和覺察功能。

準不準？愈活，愈準！年歲愈大，超級準。愈老，就是神準。

十多年前，有位圖書館女館長邀請我到圖書館演講，演講題目是我的第一本書：《震撼你一生所學：自己誕生自己》。記得當時為了身教示範，我順道把兩個年紀還小的孩子帶去聽我演講，演講後大受好評，女館長加碼安排了三場演講。

當時，女館長對我的話語表現出極度震撼的表情，演講後致詞時人竟有點哽咽，是否跟我老婆一樣聽了我講靈魂覺醒話語，人體靈性能量被深深觸動，不得而知。

不久前，透過共同認識的朋友，我接到圖書館館長的電話，十多年了，她一開口就尖叫高喊：「老師，我終於知道你講的『自己誕生自己』是什麼了，太不可思議了，我嚐到了你說的『靈魂』和『神性』的滋味了。」女館長一直興奮大喊，我明瞭她「似乎」真的嚐到靈魂覺醒的滋味。

自己誕生自己，誕生，就是靈魂的誕生。書名由此而來——自己把自己的靈魂誕生出來！

記住：父母只會把你的人體誕生出來，靈體能否誕生啟動，就要靠自己的開竅能力或際遇到對的訊息和已啟動靈體功能的人指導！

這位女館長後來仕途並不太順遂，換了長官就換職位，她索性辦理退休離職。人，在學習中進步，在痛苦中開竅——她自己誕生了自己的靈魂。恭喜女館長啟動靈體散發神性芬芳，也恭喜她，生命真正開始了。

/-○-/-○-/-○-/-○-/-○-/

自己誕生自己——就是自己把自己的靈體誕生出來，使用靈體的奧妙功能。

我用的方式，是多方開竅眾多巨人的卓越知識和真知智慧，並沒有人面對面指導過我。也可以說是眾多書本的作者面對面教我，或者是我聽講他人分享訊息慢慢開竅而入門，只要是有關人性實用知識和智慧，我都熱愛探尋。我老婆誕生自己的靈體，不是靠多年的閱讀開竅，而是我們牽手人生種種際遇的結果。

靈體啟動誕生的方式人人不同！千萬千萬別把現代和古老的靈修之路信以為唯一！別走眾人盲目修行的老路——走一條屬於自己的新路吧！在頭腦之外有個靈體，讓我們相遇在那永恆的喜樂裡。

女人不用哭哭——啟動靈體，妳會總是笑笑，會笑的女人才美。

男人不用哀嘆——啟動靈體，你會總是樂樂，會樂的男人才好。

友人的母親來到古稀之年，總是祈願自己下次再來當人時要轉女成男。在她的意識裡，女人是次等物種，當女人都是來受苦受罪而已。同為女性的友人難以置信，怎會有人討厭自己的性別到如此地步？友人母親的認知，正是頭腦長期被某些人灌了愚昧迷湯，思想「毒化」的典型，沒能啟動靈魂功能而吃足了頭腦我念的苦頭。誰在講轉女成男才能開悟的論述，他不是「愚」就是「痴」。這也是我常常提醒人們：**要小心過濾！你長期接觸的人和訊息！因為毒化或開竅，關鍵就在這裡。**

在我閱讀和聽講卓越知識與智慧訊息中——男人女人都有。在我閱讀的文獻中，有些覺醒的男人，述說自己是受女人點化指導而啟動靈體，嚐到開悟見性的滋味。

女人的苦主要是受限於經濟自主的能力與理智沒有高度發展，沒能悟出人性大智慧，沒能看清人性真相。情感少了理性智慧的導引，讓女人一生情迷於他人他事，而看不破人與人的情愫糾葛，才會走不出苦境，找不到生命終極的出路。

當我開車載女兒到大學就讀，在車上我跟女兒說：「上大學除了各方領域的學科要用心之外，記得要提升自己的理智高度，尤其是身為女孩的妳。」當時女兒不服氣的說：「老爸你有性別歧視，男生就不用嗎？」

理智沒有高度發展的男女，總把情、欲、慾三者與愛混為一談，愛由靈魂生出，情、欲、慾由人體的動物性本能和社會教化後產生，情感和理智同時高度成熟的人——愛會生出歡樂永相隨！

女人一生常苦於理智開竅太少的情執情愫上——很多這樣的女人。

男人一生常苦於理智開竅太少的惡習嗜好上——很多這樣的男人。

生命素質愈高的人，他的情感和理智都會愈來愈成熟，這會讓愛從人體的情感中誕生出來，能讓自己和身邊人大大受益。

愛，是人生一切的解答！

神就是愛——註解在此！

高等情感就是愛——啟動靈體功能的人會綻放愛的情感。有愛的人，才會有高超的審美觀。

高等理智就是靈魂的智慧洞見——啟動靈體功能的人會了悟人性和生命真相，情感的感受會由高等理智導引，至此人才不玩情愫心計戲碼。

啟動靈體功能，男女機會、機率一樣高，人體性別只是平安喜樂的載體，是要來啟動自己的靈體，當女人和男人皆好、都好、一樣好！

注意看：生命素質高的男女，一定大大可愛、讓人敬愛。

「高等」，這兩個字就是超越頭腦能理解的理智和情感層次，這說明靈體比頭腦有更高的領悟力、洞察力、感受力、親證力。

最美的女人

我問老婆：妳喜歡當女人嗎？

老婆秒回：我喜歡當女人——立即又堅定的回應。

婚前老婆喜歡嘗試不同工作挑戰，婚後二十年來的主要角色是家庭主婦和教導小孩，這樣平實的經歷都能讓她啟動靈體構造，嚐到了不同於頭腦會苦會嘆的開悟見性滋味！這證明了我們每個人的神性、佛性本已俱足，任何人不論男女都有靈魂功能可以啟動。

／-○-／-○-／-○-／-○-／-○-／

人在傷心處，總是開竅、覺悟的太慢、太少、太晚！

我常看到很多人或女人很容易因他人的一句話、一表情或一件事而揪心，心情被這多愁善感的心瞬間控制。

生命素質低下的人，善於勾心、頭腦好鬥於人，有些是刻意而為、有些是不自知自動反射、很多是不懷好意地背後使壞搞鬼。人總是不明瞭：傷人一千自損八百，執迷不悟必自毀長城。

老婆說女人常會因為他人的言行而陷入揪心情節，她自己知道用靈體功能來止息，有時卻被頭腦反拉，心苦於胡思與靜心中拉扯，問我如何以對？

我說：從痛苦中開竅！從開竅中洞悉，造成你痛苦的人和話，那磁場能量跟你不在同一個層次。對他人野性之個性和情緒話語淡然以對，莫反芻、莫對號入座、莫不甘心，別與他人野性獸性能量牽扯，快跳出話裡藏針的輪迴，回到自己靈魂的懷抱——你安全了！

接著我跟老婆說：對過去、現在和未來最好的活法就是——

對過去：不悅之事之人不回想、感恩過去。

對現在：用靈體「覺察無念」歡喜活著、用正念創造生命價值和財富。

對未來：在現在充滿希望，向宇宙下願望訂單，交給上天好安排。

／-◇-／-◇-／-◇-／-◇-／-◇-／

只會用頭腦活著，人就是會哭、會嘆、會吵、會鬧。

男女形體有別，覺性靈魂同一，情感理智皆有。「你是神的兒女」這句話已說明，男女皆能在此生覺醒開悟，持續開竅的女人必能活出神性狀態，品嚐佛性自性滋味！有些覺醒開悟的男人，是被女人點化成道，這是事實。對理性智慧和超越邏輯的真知洞見，喜歡探尋的女人和男人——啟動靈體功能指日可待。

靈體開竅的女人，命運絕不是油麻菜籽，而是能自己開創掌握，快樂致富、幸福覺醒，自己是自己的天，這樣的女人最美！男人也是。

生活作息被情感綁架的女人和男人，要開竅難如登天。情感和理智相對幼稚的人，要他或她放下情執，總是淚流滿面，想不開也放不下，不論是女人或男人，生活重心就是要從言情談情的事物，多多轉移到情感、理性、智慧同步揚升的事物上，這樣的女人才有可能成為自己的天，男人也是。

在大學教書時，有些畢業沒幾年的女生走入婚姻生了小孩，沒多久開始看到她分享磨合之苦，過些時候開始看見學生談論起社會傳播的宗教術語，我心想：才幾年光陰就被洗腦，也太快了吧。我內心呼喊：同學，你需要的是終身多領域的學習和開竅啊！

把情感和命運寄託、依附、執迷於自己以外的人，當別人是你的天，看天吃飯看臉色過活，精神意志任人支配，誰都無力可回天。智慧沒有開竅的人，總把父母、小孩、另一半和上師、信仰，變成自己的天，到頭來：沒有人能讓你幸福快樂，是它不變的法則。

不論男女，誰會善用生命去多方開竅？就有機會活出一片天、找到自己的天同時感謝天。浪費或濫用生命的男女，沒有人能開竅找到自己的「天＝靈體」——只會感嘆人生一場空。

低等理智的人最會抱怨、哀嘆。去終身學習和開竅——比談什麼宗教教法更有價值。

低等情感的人最會爭吵、哭哭。去終身學習和開竅——比崇拜教主和上師更有幸福的希望。

用靈魂功能使用「思想、言語、行為和情感」——你的幸福勝券在握。

當我在教導兩個孩子啟動自己人體裡的靈魂構造，綻放自己的覺性意識來切斷念頭的練習時，小女兒說：「這不一定要呀，很多人不會也都活得很好啊！」我說：「我看見的真相是很多青年、中年、老年人愈活愈無靈魂光彩、愈無歡樂笑聲、愈難面對人生課題，到後來，自己竟是平添痛苦的製造者。」

身體健康、財富自由、做著自己熱愛的事和工作、人與人關係和諧美好，我想這些應該是人們普遍認知：人要活得好的條件滿足。這些真的是美好——我推崇也熱愛！

但若以為這就是幸福人生，現實會讓他大失所望，因為生活再安逸豪奢、成就再叱吒風雲，少了靈體功能的啟動使用，頭腦主導的生活總是會讓自己和身邊人活在「苦樂苦」的感受循環中，人就是搞不定頭腦思緒和心的情緒擾亂，這才是現映真實人生。

靈體，是人體永恆光明的太陽。

終身開竅而啟動靈體的人，遲早會活出一片天，會極大化自己永恆平安喜樂的心境。

只會用頭腦動念的人生，心情總是晴時多雲偶陣雨，有時還會興起狂風暴雨，喜怒哀樂憂傷悲隨頭腦想法變換不定。

我跟孩子們大推「靈魂功能大顯身手」的厲害之處：

- 靈體會讓人智慧開竅無極限：突破任何頭腦認知的瓶頸、會透澈人性和生命真相、擅長解決人與事的問題、容易創造和活出生命美好的成就感。
- 靈體啟動，人就感到平安喜樂、自由自在，心好療癒、人徹底療癒，內心世界和外在世界圓融和諧：完美的幸福，就是這滋味。
- 靈魂就是人體高頻能量的發射場域：積極樂觀開朗的心態、正向光明希望的想法、歡喜愉悅快樂的心情。
- 靈體能駕馭和指揮「頭腦的我念」：切斷念頭、要換個方向角度想、換個好念頭、要刻意生起好心情的感覺，這「對靈魂功能易如反掌」，這事做得到，生活方方面面才會極大美好。
- 使用靈體來待人者，不對人冷暴力、情緒勒索、表達負面情緒和話語、權力欲和控制欲極小、同感心和同理心讓關係和諧極大化、不霸凌創傷別人的心理：靈體會活出人味和神味！

孩子們聽完我好似一次就要讓她們開悟見性而求好心切的長篇大論，回我一句：「這樣呀！」我笑笑地回說：「歡迎來體會使用靈體功能的箇中奧秘與滋味！」

／-◇-／-◇-／-◇-／-◇-／-◇-／

啟動靈體功能的方法練習：覺察到自己在覺察。

這時我突然神來一指，請女兒先感覺到自己心窩位置，也就是人通常用手指著自己人體時說「我」的位置。我問女兒：「能不能感覺到心窩，只有感覺不能有念頭喔？」她說：「可以！」我說：「很好，感覺不能掉喔。」

這時，我把右手指放在桌上，請女兒再同時看著我的右手指，同時感覺到心窩和手指，只有「警覺和覺察的感覺」，不能有念頭，覺察和感覺不能掉，如下頁圖三。

我跟女兒說：「這方法就是我常跟妳們講的葛吉夫和鄔斯賓斯基他們教導人們要「『記得自己』的方法，用雙向的注意力同時同步覺察『身體和客體』的做法，雙向同時覺察『心窩和手指』，保持警覺狀態在兩點上時間愈久愈好，這是啟動靈體的初階做法——覺察到那純粹覺察在作用，真實發生，如此簡單的雙向覺察，頭腦就是永遠做不到。」

孩子從小就喜歡聽我講故事和笑話，我時常把我看書的作者名字，套用到笑話和故事裡當主角，孩子總是聽得笑哈哈、樂開懷。

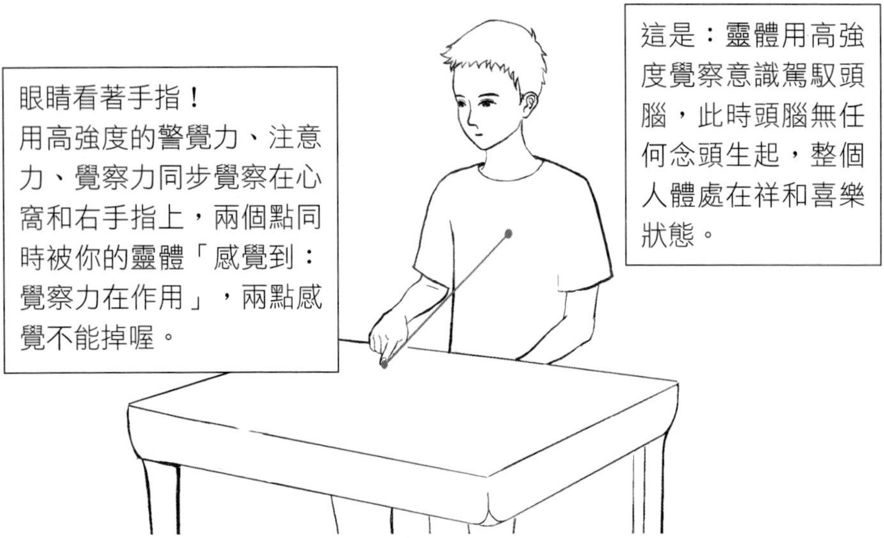
眼睛看著手指！
用高強度的警覺力、注意力、覺察力同步覺察在心窩和右手指上，兩個點同時被你的靈體「感覺到：覺察力在作用」，兩點感覺不能掉喔。
這是：靈體用高強度覺察意識駕馭頭腦，此時頭腦無任何念頭生起，整個人體處在祥和喜樂狀態。

圖三：啟動靈體功能，「覺察到自己在覺察」的初階實務練習

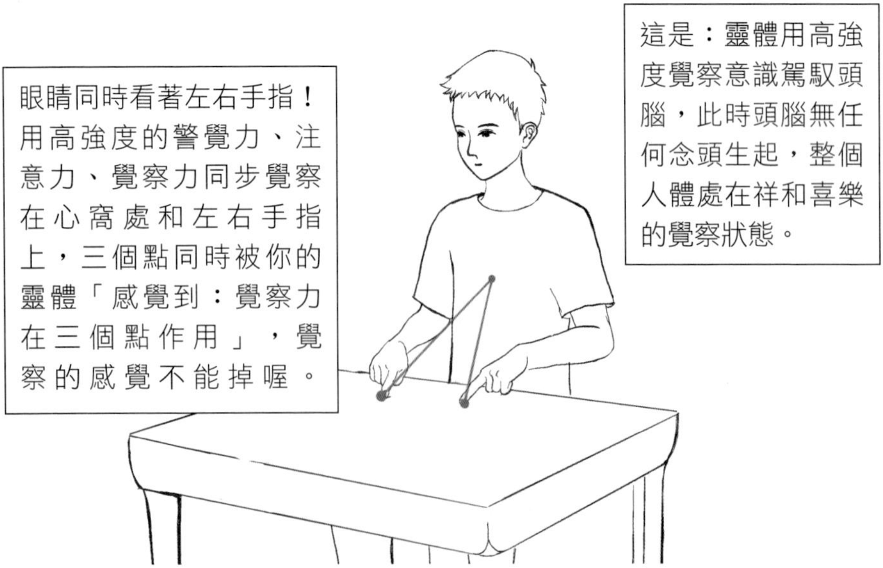
眼睛同時看著左右手指！
用高強度的警覺力、注意力、覺察力同步覺察在心窩處和左右手指上，三個點同時被你的靈體「感覺到：覺察力在三個點作用」，覺察的感覺不能掉喔。
這是：靈體用高強度覺察意識駕馭頭腦，此時頭腦無任何念頭生起，整個人體處在祥和喜樂的覺察狀態。

圖四：啟動靈體——靈魂高強度覺察力作用的進階實務操作

記得自己的意思是：活著，記得啟動自己的靈體。人體真正的自己就是**人自己的靈體**。真正的自己＝真我＝靈體＝無我念＝純粹覺察，它不是頭腦的想法，更不是由嘴巴口中說出的「我我我」。靈體是在當下覺察到無念、無我而寂靜喜樂，這狀態和滋味就是葛吉夫和鄔斯賓斯基說的「記得自己」，就是時時記得啟動靈體。

最後我又伸出左手指，請女兒眼睛看向雙手指，用高強度的注意力同時在心窩處和左、右手指上，三方向、三個點都只有警覺和覺察的注意力在感覺著，沒有頭腦概念和情緒介入，如右頁圖四。靈體一旦啟動，人就可以全方位多方覺察，只有覺察在作用，沒有對客體生起情感和動起念頭。覺察在心窩處，同時覺察到看或聽的客體，只有「覺察到覺察：即是見性」——頭腦我念消失，自己的真我親臨在場，靈體敏銳覺察，這感覺就叫「明心見性」！

明心就是靜心，就是妄念和念頭消失，心徹底通透，把妄念和念頭比喻成灰塵污垢，讓念頭消失不生，心如明鏡不受念頭扭曲，真相實相就被你看見了，此時靈魂處在極致覺察狀態！本來無一物，講的就是靈體。靈體「記得自己」的功能啟動：本來無一念即是本來無一物。

人們很喜歡說「明心見性」這句詞，卻不懂它的狀態是何滋味。這是因為人的妄念和念頭，無法被自己從心智中真正停息，心因此沾染塵垢愈來愈厚：睜開眼就動念、就動煩念、苦念和妄念。念頭來自頭腦，頭腦只會生出念頭，無法叫它們「暫停」，這正是人心——心不明還會黑的真實寫照！唯有靈體能叫停頭腦念頭、叫停：心的情緒起伏而明心見性。**誰在叫停心念？答案就是：靈體的高強度覺察、警覺和注意力。**

沒有心念，人怎麼活著：純粹覺察的意識在當下一瞬瞬的活著、覺察著、安樂著。

唯有靈體能讓頭腦和心如如不動，不動情、不動念——眾人皆用頭腦在添亂，唯有靈體能明心見性：獨醒、獨樂、獨開懷。看見人性真相就是：人類的頭腦不受靈魂駕馭指揮，那只會是個皆醉皆睡皆盲目與無知的頭腦，用靈體活著的人：獨自清醒喜樂。

很多人在講座中聽完我分享明心見性滋味，總會說：我也好想要明心見性——會的，那位圖書館女館長也是多年後高喊嚐到了「神」滋味！

／-○-／／-○-／／-○-／／-○-／／-○-／

大女兒看到我比出兩隻手指大笑說：「這是什麼東西呀？」我說：「那警覺的感覺就是你的靈魂正在使用高強度覺察力，我正試著指導妳們啟動自己的靈體，多方向使用靈魂功能。我在播下靈魂覺醒、讓妳們開悟見性的種子，讓妳們能用比頭腦更高的靈體功能，來極大化自己幸福快樂的人生，找到『我是誰？』的答案並嚐到那『真我無念』的滋味——這答案和滋味指的就是靈體。」

先從眼睛看一隻手指，同步覺察到手指和人體心窩處練習，若能發生，再進階到同步覺察，同時看著兩手手指，高強度警覺，將注意力同時放在心窩和左右手指上，讓它發生在使用靈魂功能！靈魂功能啟動，愈用愈純熟，同時間人開竅的能力與開悟的智慧會愈來愈高——無止境！

當靈魂的功能用純粹警覺或純粹覺察讓人體不起心、不動念時，就是無我見、無人見、無眾生見、無壽者見的佛性境地，即頭腦被純粹意識完全淨空，只有警覺和覺察在靜觀或靜聽天地人萬物，不生一念，無任何見解。這是真實能發生在自己身上的狀態，我就是喜歡品嚐這純粹覺察的滋味。

用靈魂的純粹覺察讓頭腦停止生起任何見解——這就是：佛性極樂境地、神性喜樂芬芳，這息慮、息見、息思、息念和不動情、不起慾和欲的狀態，就是我嚐到開悟見性的滋味。息，就是停止生起！**古老經文只會講「息」，卻給不出方法。我把「息」的方法、做法真實給出教導，願你「息」出神性極樂的幸福人生。**

頭腦、心和人體竟能被靈體所駕馭掌控——啊哈，原來古人在修行就是修這個，修到靈體功能被自己使用，用靈體純粹覺察意識來覺察到覺察，進而真能「息思、息念、息見、息慮和不動情、不起慾和欲。」息，就是停止生起。

去把「修行」這個詞改成「開竅」，只要對人生活、生命有助益的領域都要熱愛學習和開竅，持續開竅天天開竅——開悟見性就有一個名額是你。

直到人能啟動自己靈體的覺性意識功能，才會使極大化正向思考、愉悅心情成為自己生活的主軸，這是靈魂的自然本性，能療癒身心，創造幸運福氣的超強功能！

當下列名詞就像笑容、感謝、好棒一樣簡單好懂，表示你的靈體功能啟動了。我是男人已經懂了，女人換妳了，有不少女人也懂了——啟動靈魂功能，品嚐那永恆喜樂的滋味！真的能在自己的人體中真實上演，真的發生在持續開竅的女人和男人身上。

你聽過：真我、大我、本我、高我、本體、道、本心、本來面目、自性、神性、佛性、純粹意識、純粹覺察、靈體、覺性意識、宇宙本源等等名詞嗎？

它們出現的狀態和滋味是：臨在（＝靈在）無念當下、沒有頭腦、靜心、見性、空性、永恆平安喜樂、亙古不朽、記得自己、腦海裡的聲音寂靜、覺知、觀照、默觀、靜定、靜默、無形無相、不生不滅、永生、與神合一……等。

對上述名詞你感到艱澀難懂嗎？看到它們就想避開，沒有一絲絲的興趣嗎？以為它們是消極空談的嗎？這些名詞絕不是憑空想像，是真實可被人現在就活出的狀態和品嚐到的滋味！不是什麼玄學和形上學理論。老子、莊子和悉達多總被用頭腦的人深深誤解。

這些名詞講的全都是人體靈魂功能啟動時，人活出的狀態，只是開悟之人在描述那不可言說的靈體滋味時，會用不一樣的名詞來說明，這是我真實的體驗和領悟！人需要持續開竅直到看到這些名詞就像：笑容、感謝、好棒。一見就知那狀態！

對我教導女兒啟動靈體功能的練習，這練習方法你若會了，就能嚐到靈魂高強度覺察、警覺滋味，此時所有人講的開悟見性名詞，你就全懂了。

／-◇-／-◇-／-◇-／-◇-／-◇-／

我熱切渴望教導老婆和女兒去啟動自己的靈體，就是要讓她們嚐到這些名詞的真實作用，發生在自己身上時去感覺、覺察，進而在生活中運用靈體巨大奧秘，創造生命價值與成就感，同時快樂做自己生命的主人。如此重責大任，頭腦功能難勝任，靈體功能會輕輕鬆鬆達標！

只用頭腦的人永遠無法弄懂這些名詞，只會誤解這些名詞，亂定義這些名詞，亂解釋文字，爭論爭辯這些文字。大部分人一生總在誤解它們，甚至排斥它們，沒能把它們磁吸到自己身上來領悟它、品嚐它。只要人嚐不到這些名詞的狀態和滋味，他就還是個頭腦人和動物人，尚未進化到能使用靈魂功能的靈體人——太準了。

靈魂功能的妙用與平安祥和喜樂滋味，讓我跟老婆喜出望外，美到不可思議！願我的孩子和讀這本書的你皆能大大開竅，從我的訊息和實務方法的練習中，真的啟動自己的靈體功能——一起讚頌靈體妙用無邊！

用頭腦活人生，人生和生命的高峰從未開始——未啟動靈體前的我。

用靈體活人生，人生和生命的高峰才剛開始——現在啟動靈體的我。

人若能對這些名詞內涵的智慧有興趣，真實嚐到這些名詞的滋味，幸福就能自己給自己，人不再被他人言行所騙，情感會與理智同行，不好的情愫、情執會淡化或消失——自己就是自己的天、自己的靈體就是自己人生的救星與生命的救世主。

西方經文說：我與天父原為一。這裡的「我」指的就是靈魂真我，天父就是宇宙源頭的本體，這是我的真實體驗，也就是自己的靈體與宇宙源頭的本體原為一。當我人體裡的靈魂覺醒，西方經文的真相也大白了！

天父就是神，就是上天，就是造物主，就是創造宇宙一切萬物的源頭。沒有人知道造物者的來處，也沒有人知道宇宙運行背後的真相。但身為人，就是有靈體純粹覺察的功能來覺察那宇宙源頭狀態，用自己的靈體與神合一、與天父合一。

無法被靈體駕馭的頭腦，就是會跟神和天父分裂，會跟上天唱反調，活不出愛的平安喜樂——人類出生後大多變成這類人，頭腦摸不透神愛世人的愛是什麼愛？少了神之愛的人和家庭就活不出幸福調調！

人是造物主或神或上天所造，所以人永遠無法高於造物主，無法超越上天或神，西方經文說的最大福音，我見證到的是：每個人都能用自己的靈體合一於神，這是人生唯一出路！我感謝上天，讓人類人體裡有靈體，讓我靈體啟動——「與神合一」也「與神的愛合一」！

靈體無念無我，故靈體沒有男女之分，萬物源於無形無相無名之一體或整體能量，這正是我樂於指導老婆和女兒啟動靈體，來嚐嚐與宇宙本體合一的滋味——我嚐到解脫苦受、長住喜樂的狀態滋味，你和妳也來吧，這就是愛。記住，人永遠不會知道宇宙、星球和第一個人類到底從那裡生出來，只有靈體能對那股萬物源頭看不見的能量做覺察動作——我醒來時就是喜歡品嚐這個覺察滋味！當我被「頭腦的胡思」擾亂時，我會快快再「啟動靈體來覺察這無思」的滋味。

靈魂清醒的人，不會困在困難裡——他會找方法、找出路。

靈魂清醒的人，不會走不出過往的傷痛——他會有更遠大的目標要達成。

靈魂清醒的人，不會因他人的言行而影響——他會回到心的祥和喜樂和頭腦無念狀態。

靈魂清醒的人會用愛、知識、智慧和工作成就去顛覆舊我，療癒自己同時療癒別人，為自己創造快樂，為別人創造幸福與福祉。人生就是一段療癒自己、療癒別人和活出成就價值的美麗旅程。

頭腦苦樂不停的我——「念來念去的我」就叫小我、假我。

靈體永恆平安喜樂的我——「覺察而無念的我」就叫大我、真我。

啟動靈體功能，用純粹覺察意識來駕馭頭腦、心和指揮人體的練習，一定要練到跟呼吸一樣自然。高強度的覺察、警覺和注意力停在人體心窩處，再看向單一客體或多方客體，此時高強度的覺察和注意力，同時放置到心窩處和客體上，頭腦不動念、心不動情，只有靈魂在呼吸中喜樂、安樂、歡樂的活著。恭喜你，你的靈體功能啟動了：你的大我、真我誕生了；你的真我與神和天父合一了；你的靈體讓你平安喜樂了；你品嚐到開悟見性那無念、無相、無我的佛性自性滋味了；東西方智慧精華全被我們活出來了——賀起來！

／-◇-／-◇-／-◇-／-◇-／-◇-／

被我啟動的靈體到底有何本事？到底有何巨大的奧秘功能？人類用頭腦為何就是活不出這些功能，下一章來讓「靈體功能」真相大白！

3 靈體六大功能的妙用

- 愛的靈性情感與行為
- 大大開竅的領悟力、理解力、感受力
- 真知洞見——了悟人性事實、現實與真相
- 覺性：純粹覺察意識，讓心不動情、讓頭腦不生念
- 正思、正見、正語——創造渴求的美好
- 人體處在永恆喜樂祥和之境之感

啟動靈體功能的感覺，很像我第一次看見大海的滋味——心曠神怡。

頭腦在怎麼想就是苦樂苦樂的變換，不會是其它的發生！百年一生都一樣，要已能啟動靈體的我，用這樣的頭腦過一生，驚恐呀！

現代人就是要終身開竅活出超越所有古今教主、哲學和他人描述的狀態。

開悟的人就是靈魂洞見如大海，這大海會成為豐盛別人生命和啟動他人靈體的一條溪流。

老子、莊子、佛陀、葛吉夫和眾多開悟者的訊息、吸引力法則、積極願望肯定語、商管企管、溝通表達、人性真相、心理學、親子教育、人際關係、專業技能、創意創造力、領導管理、廣告行銷、業務銷售、演講簡報、成功致富、心靈勵志、名言格言等等，全都有美好人生的價值。對我來說它們都同等重要，都只是大海納百川的一條支流，對它們瞭解開竅愈多，人會愈瞭解人性，這些領域全都是人性之學——對人性之學大大開竅又運用得當的人，才會有深、廣的靈魂洞見，我的書正是廣悟人性之學而集成大海。

天生我人，必有才！只要人對專業技能和人性各方實用領域大大開竅，太有才就是他——有才有財活著就是好！人生要活得好、活得美，就要廣納有益生活的實用知識與智慧，營養愈多愈好。人生和靈體需要的營養，別只到宗教、通靈、哲學中去攝取，這樣會偏食，同時很可能會汲取到不好養分——現實是大部分人都偏食，把池子當大海。

所有你聽到的教法、心法全都只是個池子或僅是條溪流，你要廣納它的養分，別捨去每一條豐盛富饒的支流養分。同時，別把池子和溪流當成大海，別把他人當成權威來束縛自己，我看到很多人都會信賴國內或國外的靈性權威——被束縛甚至被騙了，都不自知！

所有自稱是教主、活佛、上師、大師、國師、禪師、導師、尊者、人上人的人，我都會跟他們保持距離，我不依附某人、某心法、某宗教，我喜歡開放學習，這讓我智慧大大開竅，終至啟動我的靈體功能，過去未來我都不會是個教徒。因為我了悟一個真相：依附於某人、某宗教、某心法的人，永遠無法超越那教主、那人、那心法，我就是要超越、再超越——開竅開悟無極限！我樂於對眾多卓越之人的知識和智慧養分開竅。

我不要只攝取某人單一養分、更不要只窩在單一團體、組織和教法裡。我沒有偶像也不崇拜和依附任何人、任何宗教。邪教就是金錢利益至上、肉慾薰心、教主至上、迷幻眾生心智的動物腦創立的組織——在靈魂之眼觀看下必然現形。當我跟孩子描述這「邪教」概況時，孩子竟回一句：「有誰不是？」哇，真的，只是程度不一而已，洞見啊！

我們的身體需要千萬種營養素才能存活得好。同樣的，我們的人生要活得好，就要對有關人類各種成長的知識和訊息大大開竅，把它運用在自己的生命中，磁吸美好、啟動靈體，正是人廣納支流匯聚成海的發生。當身邊人和世界需要你的知識和洞見時，你給出來的才會是受益無窮的養分——歡迎用這個標準檢視你看的書。

如果你真想啟動靈體功能，親自品嚐開悟見性和明心見性的滋味，我的書就是你啟動靈體大海的一條溪流——如此，你就能超越我、超越任何人、超越任何教主，而你的訊息也是別人大海的溪流，宇宙和人類的進化，真相在此：人生就是要活到這個高度！

有些池子和支流，養分不佳不適合多攝取——當自己不再成長進步，生活和人生沒有變好，此時你該離開這個池子了，跟某權威或組織說拜拜了，你該多多攝取更優質、更實用、更美好的訊息。

快樂學習、開竅進步、開悟見性，愈活人生愈充滿希望、心愈活愈平靜人愈起勁，這才是人活出高峰價值之路。不管去到哪個團體、皈依哪個上師，不是這樣發生，就是走錯路跟錯了人，有一個做法更適合你，只需去看去聽跟我同頻的眾多好書和訊息——我大推你這樣做！

當頭棒喝：頭腦盲目本質就是會去緊抓單一個人、教派、法門、領域、專業來讓自己的靈體或人體營養不良——唯有頭腦多方、多領域的開竅，人體才有足夠的智慧營養讓靈體萌芽。這真相有把你敲醒嗎？

很多人都在講：去向內求、去回到自己心中找答案，這說法指的就是去使用靈魂功能。哇，又真相大白了！

很多人都在講：去尋找自己的靈魂伴侶！原來，靈魂伴侶講的不是他人，而是自己使用靈體功能活著，那**靈體就是自己永恆幸福的伴侶**！靈魂六大功能：

- 愛的靈性情感與行為
- 大大開竅的領悟力、理解力、感受力
- 真知洞見——了悟人性事實、現實與真相
- 覺性：純粹覺察意識，讓心不動情、讓頭腦不生念
- 正思、正見、正語——創造渴求的美好
- 人體處在永恆喜樂祥和之境之感

「人活在宛如極樂、天堂和神的國度」這種描述，就是靈體功能啟動時人活著的狀態與滋味！靈體功能一啟動，就能給予自己和他人安全感、幸福感、價值感。

這是我靈魂覺醒嚐到開悟見性滋味，人體真有如此功能給我使用的真實感受，這超越古今經與書的獨有洞見——我真服了造物者把靈體功能設計到如此強大、如此妙用無窮！

我常看到人們走進「人為的」道場、教會、靈修組織和服膺某權威，並沉浸其中。如果他沒有開竅開悟地走出來，我知道他將永遠無法超越他被灌輸的教法和信念——眾人前仆後繼的走進去，大都回不來，失望回來的人靈體已體無完膚。

去學、去開竅、去領悟、去有真實的體驗和感受，能實用於生活中、家庭中、教養中、工作中、事業中、生命中的知識、技能竅門和智慧洞見。對那些無法啟動使用人體正向美好功能的說法，對人生福報、美麗人生無益的說詞和做法，你能萃取到什麼精華養分？

開竅吧！在生活中感受到實用和美好的做法，才是你要學習的東西。能讓你開竅到開悟的訊息和方法，才是你的寶石與珍珠！佛號、咒語、神的名稱，有讓你開竅再開竅嗎？有讓你開悟見性品嚐到神性佛性滋味嗎？它仍舊是頭腦的一個念頭，最終人仍舊需要用靈體息掉這個念頭——這是開悟見性真實的真相，是宇宙真實的實相！

你不可不知：頭腦的好與壞、利與弊。頭腦記憶了什麼？去實用它、去優化它、去揚升它的層次：這是幸福的命令。去做，則幸福來！揚升，則靈體啟動！

你一定要知道——靈體功能和頭腦功能的差異：

頭腦喜歡為對錯爭吵、愛胡思亂想、擔憂焦慮恐懼、批評抱怨表達負面情緒，無法警覺當下，是苦樂相隨、執行人體欲望和製造爭吵傷害的恐怖加工廠，給不出也找不到人生終極的出路！智慧沒有開竅，靈魂沒有甦醒的人們，一生都在頭腦念頭靈性含量過低的世界裡前行，找不到出路就是因為靈魂散漫昏睡在人體裡，無法甦醒過來。

我沒有要貶低頭腦的價值，開竅的頭腦和喜悅的心是喚醒靈魂的最佳通道。頭腦最大的益處是解決生活之事和讓夢想成真，開竅的頭腦是喚醒靈魂功能直達天的梯子和橋樑——頭腦的最強功能。

另外，人若是只用頭腦活一生，個個都是苦樂參半，只因頭腦對人性的了悟總是太少！苦，是因為頭腦很難開竅覺醒又不會讓美好的夢想成真，卻擅長編織惡夢，尤其是自己想像的劇碼和人與人之間的緊張關係，頭腦都會把它搞得惡夢連連。大部分人一生都只被頭腦使用著——頭腦沒有被靈魂駕馭，人起心動念總是不會讓自己和他人太好過，這就是億萬富翁和負向消極、貧乏心態、達官顯要之人以及不論是否有無信仰的任何人，總是悶悶不樂的原因。頭腦對此一視同仁，啟動靈體功能的人就是那個例外——希望你是那個能用靈魂駕馭指揮頭腦的幸運之人。

從只用頭腦功能活到能使用靈體功能，這比達爾文更高更真實的人類進化方式，你進化了嗎？

頭腦是人生生活美好的最佳幫手，但頭腦不應是不受控的，它需要被靈魂的愛、良心、智慧洞見和覺察給駕馭使用。我寫這本書是希望你的頭腦持續開竅，用開竅的頭腦和喜悅的心來啟動靈魂，讓靈魂功能駕馭頭腦，做自己生命的主人。

- 頭腦喜歡不切實際的畫大餅。事業大餅、政治大餅、宗教大餅，明知很難吃得到，硬要吹噓畫餅給人吃，硬要塞給眾人吃——騙了無數人。
- 頭腦總把見解如池子般的狹隘觀點當成「已了悟真相的廣闊大海」在執迷、宣揚、打誑語。
- 頭腦天生不想把時間用在領悟眾多卓越高人的知識和智慧上，對人性多方真相往往很迷惑。
- 頭腦想的和看見的大都是「自以為是真相」的海市蜃樓。

任何人的說法、著作和經文都是小溪流，這才是真相。有顆海納百川的學習心，加上自己能真實開竅、領悟、理解、感受，進化成大海再成為別人的溪流——靈魂覺醒發生，有自己獨有的高等智慧洞見，這趟人生之旅好美也好好。

活用並超越古今卓越教主活出的生命樣態，這正是宇宙運行不息，進化再進化的真相——人生是一場進化，比達爾文更高、更真實的進化論，就是從使用頭腦功能活著進化到啟動靈體功能活著！

不論教徒或非教徒，都要能超越古今教主和開悟者的訊息，這是我給的訊息，前提是：要終身開竅！靈體功能愈用愈純熟的人必能超越任何教主、任何哲學家、任何經文的論述——真真實實。

頭腦不受靈魂掌控，便只會妖言惑眾、只會傳播老掉牙和二手文字、只會傾倒垃圾、只會狂妄虛榮地為自己加上一個至高的修行稱謂或靈性名字——真的迷了。

靈魂強大功能就是能解脫頭腦思想、念頭、煩惱、情慾、欲念和心中情感、情愫、情緒對人體的束縛，也就是能讓它們不生起而消失。有讓它變無，同時有出現就讓它是美的饗宴。

當頭腦的苦念造成心和人體苦受出現，靈體的六大功能可以讓苦念苦受消失，安樂喜悅浮現。

當人體渴望享受生命活著之美時，靈體會去駕馭頭腦的美好正向功能，顯化人體想要的美好，靈體會用皆大歡喜、互利共贏的方式創造人體需求的美好。

啟動靈體功能，嚐到開悟見性滋味的人，不會創立宗教。過去沒有，未來也不會有。老子、莊子、佛陀都沒有創立宗教，他們全是被創生宇宙那股未知力量誕生的人，他們跟你我一樣都是被創生的人類。這創生的力量是什麼？人類的頭腦永遠不會知道！「第一因」永遠不會被人類知道，不被知道的「因」才是真相，扯誰知道？扯誰是神童能預言或是先知？都是亂扯一通，背後搞的都是金錢和利益的掛勾。

那宇宙背後不可知的奧秘，比老子、莊子、佛陀所能瞭解的都還要高、還要深，這就是他們不成立宗教，讓別人成為教徒的原因，人類的頭腦根本無法接受和領悟這個事實真相——唯有靈體能了悟這真相，活出跟宇宙本源合一的狀態，所以我把它寫出來！

我為何能嚐到開悟見性滋味？宇宙為何決定讓我靈魂覺醒，嚐到這開悟見性滋味——我真的不知道！宇宙如何生成？如何運行？永遠不會被人道出真相，要讓誰開悟見性？在何時？在何處？這是創生宇宙萬物那股力量在決定，不是人類口中的教主或任何人的說法在決定，對此務必開竅。你能看到我的書，這際遇就是宇宙的安排。

當今的靈性課程和修行人講座很多都只是「頭腦用相信」的信仰、沒什麼人生經驗歷練、沒有融會貫通多方人性領域智慧精華、對開悟見性無真實體悟的人在宣講。對此，你可以海納百川去聽聽看，但人或組織就勿依附！只管多方學習、多方領悟和深廣開竅、要有真實體驗——這是開悟體質。

記住！你看的書和聽到的話語，若不是能讓你啟動靈體六大功能的真實做法和練習；不是鼓勵你對人性之學多方領域開竅；不能讓你用創造力創造值得的美好生活，你可要警覺了！這種離幸福人生愈來愈遠的論述聽多了，謊言會變成你的信念。信念是力量，你要被它帶向何處呢？

人們很喜歡說「回到原廠設定」這句空洞泛語，原廠設定是靈體六大功能甚至更多功能，還有人體、頭腦、心、理智和情感設定，只用一句「原廠設定」就自以為是——失之千里啊！

我只想提點那些靠話語吃飯的人們，你得慎思你說出口的話語，那效應的回響！那些靠信念要創造實相的人，就得要用感覺去感受那信念，若是愉悅、歡喜、滿是幸福、夢想會實現、好願會成真、人充滿正向光明和希望，創造力和生命素質日漸揚升，那這信念值得你去聽、去擁有。

老子說：他領悟和體驗的生命終極之美，無名無相，玄之又玄，不知要稱它是什麼？姑且叫它「道」。聖經說：太初有道，回到神的國度，活在平安喜樂的狀態裡。佛陀說：有個不生不滅的東西在你的人體裡被察覺到，它永恆寂靜「無老、不死」……這些論述全是出自他們自己親身的體驗，這體驗正是啟動靈魂功能活著的狀態——我和老婆何等幸運能體驗到同樣的狀態滋味。

人類的頭腦再怎麼想也想不透，更無法體驗到他們所說的狀態和感覺是什麼。難怪早期老婆對我的覺醒之語聽不懂、想不透、沒興趣。

原來，真有一個比頭腦更高的構造功能：靈魂構造。只要啟動它，一切就真相大白，亙古不朽的存在之謎就被人解開了，如此簡單存在於人的靈體中，等你啟動親證它。

就是有一個覺察在場呀！有覺察在覺察：看而無念，那「看」就是覺察在作用，只有靈魂高強度的覺察在起作用，此時頭腦沒有任何念頭、概念、文字、名相出現在「看」與「客體」之間——只有「覺察」在場。

客體存在、覺察意識存在、頭腦無念，三者合一發生，就叫空，或叫空性，或叫神性、佛性自性＝明心見性，這萬古之謎：我讓它真相大白！

頭腦就是解不開人如何跟宇宙本源、道、神性、佛性、「當下即天堂即是極樂」合一的存在之謎！頭腦欠缺的就是靈魂高強度的覺察意識，缺了靈魂作用，人生就是謎、人就是會迷。有了靈魂功能的高強度覺察作用，生命就是美到極點的奧秘。

頭腦只想要「有」、追求「有」、執著「有」，卻不知道「有」生於無形無相的元素、能量或力量，人們最喜歡拿種子來比喻，種子剖開空無一物，卻能千變萬化成各種樹、花、草。頭腦不是習以為常，就是想不透這個事實真相，那空無一物的狀態，只有靈魂本體能覺察。

沒有人知道萬物的有和宇宙虛空的空無到底來自何處？宇宙虛空和萬物從何而來？那一株桂花的來處？億萬星球和人類如何生成？頭腦永遠無法知道！這源頭被開悟者說成是空性——同時包含有和無。佛陀對宇宙萬物生滅，給的答案也只是一句「因緣和合」，不能再高了。

切記：任何人的說法（包括宗教教主的經文），都無法超越和指出創造宇宙本體那背後的成因或力量是什麼？這就是我說別把任何人（包括教主）當頂點的原因。空無一物的狀態能讓頭腦生出惡念、壞念毀人生；空無一物的狀態能讓靈體不動念、不動心、不動情慾又能生起善念來幸福人生，這對別人來說很玄，但對能啟動靈體的我來說，就是這樣自然簡單——人體有一個覺察能量或叫覺察意識永遠「在場覺察」親證一切、親嚐空（或叫空性）的狀態！

擇優閱讀和擇優聽講能讓自己成功、幸福又開悟的眾多訊息：是我人生最大興趣與樂趣！

讓人成功又富有的書，請大量擇優閱讀——開竅、活用、創造它。

讓人開悟又喜樂的書，請大量擇優閱讀——開竅、領悟、體驗它，直到會使用靈體功能。

唯有從兩極中全然開竅、領悟、實踐它們的美好，活在中道裡，才會是人生終極的美好。偏向一方一極，幸福不會開花結果。「中道」指的並不是「平衡」這個空洞之詞，而是真實地活出成功富有和開悟見性這兩種狀態滋味。

- **成功富有**：是人敢做自己開竅的事，或做慢慢開竅的事變成事業，擁有跟人交換價值賺得金錢的本事——用正念創造成就之美。
- **開悟見性**：是人活的日子都在揚升生命素質，在生活中開竅領悟超越頭腦邏輯的智慧洞見，擁有使用靈體六大功能的本事——用純粹覺察品嚐永恆無念之美。

靈體——就是有高見！

舉一個中道例子：不是要你活著都用靈魂靜默無念無言活著，雖然這滋味美極了！我還要你說話時保持覺察力，不要短話長說，要表達正向價值和給人希望的話語，說幽默風趣和暖心感受的話語，同時明瞭多話和碎念會摧毀和諧關係，要能用好文字和光明正向念頭，讓美好願望實現，其他時間能不說話時，就靜默無念無言活著，全部活出來就叫「中道大智慧」。另一個中道例子：生命就是要去活出人性特優的優勢，卓越自己的生命素質，品嚐自己創造出來的成就感，同時要能看清人性惡質的黑暗面。兩者同時活出，人才能創造和守護好自己的幸福美好，這更是「中道大智慧」。

頭腦活不出中道，頭腦總有明顯的盲點和缺點，常常以偏概全，落入負向的一極，所以總在對錯、是非、好壞、苦樂的二元論中盲目選邊，常常弄巧成拙。中道智慧能超越頭腦邏輯評斷的選擇與論述，只有靈體能看見並能終止頭腦二元論的偏失——這就是為什麼我如此喜愛靈魂這傢伙的原因。

只是我想再告訴你：人生百年，自己或要和身邊人過著極大化幸福快樂的日子，仍然需要頭腦的思想和見解來創造生活所需的美好，佛陀把它稱做：正知、正念、正見、正語等等。佛陀要你同時「無見」和「有正見」——活出中道顛峰，美就在此！當一個人能同時活出靈體無見無念和頭腦正知正見，他就能給世界無限價值的生命洞見——這本書正是兩者綜合的結果。

年少時熱愛閱讀的我，對名人的格言總有著至高權威之感，啟動靈體的我，現在對名人格言只有平凡平實之感。靈體，真是有高見啊！我們已來到終身開竅的時代，這個時代就是要同時品嚐成功富有和成道喜樂的滋味！別用愚昧的頭腦，把自己渺小化，把開悟見性神話到遙不可及，別說今生不可能，你看你把宗教、靈修、上師謊言變成你的信念了，我說對了吧！

不要放掉創造成功致富的可能和機會——把握它、實現它。不要以為開悟見性和靜心臨在當下，不會發生在你身上——我見證了這個真實的發生，你一定也可以。

靈魂功能，完美無念——永恆喜樂；靈魂功能，正念而行——豐盛富足！

靈魂功能就是會用正念正語創造金錢和幸福，會用覺察警覺停止苦念苦受而得平安喜樂。你會大大使用靈魂功能，十八般武藝你真的會了。

如果能讓正向思考成為頭腦天性——人就贏了、富了。
如果沒有那個痛苦的想法——人就療癒了、安全了。
如果可以不生起任何想法和念頭——人就平安了、喜樂了。
啟動靈體功能來使用頭腦、心和人體的美好功能——你就贏了、富了、療癒了、安全了、平安了、喜樂了。人體最好的風水：是潛意識和信念充滿光明希望的正能量，人能用靈體功能來對己、待人、做事、處世。

接下來，讓我們來驚呼靈體功能如何「切斷」和「更換」念頭的真本事！

4

「切」、「換」念頭——靈魂最大的本事

「切」，就是切斷當下的念頭，讓念頭不再生起，在當下觀看和聆聽，沒有任何概念介入其中，那當下只有喜樂沒有苦受。「換」就是把不好、負向和無用的念頭，換成有用、實用、感受美好和希望成真的念頭。

能**切斷和更換好念頭的人，他的人生才真正開始！**當我出版《52個覺醒的練習》這本書不久，我受邀到老人退休協會演講，對象大都是六、七十歲以上的退休人士。邀請單位希望我分享書中內容，演講主題定為「覺醒的練習——人生覺醒才開始」。這主題就是在宣告即使人活到七十好幾，如果靈體沒有覺醒，沒能使用靈魂功能來生活，那人生美好真的還沒開始！

演講開始我要他們每個人都看著我，然後我說：「笑一個，現在。」很多人被這突如其來的口令弄得不知所措，你看我，我看你。我笑著加碼再說：「現在，笑一個。」

笑容，是人最像神的表情！

打開心胸的他們，看著我對他們笑，一個一個也開始對著我笑。我跟他們說：「不管你活到幾歲，我們永遠都只能活在現在，人活得痛苦是因為他忘了快樂，忘了現在就讓自己快樂，你現在笑了，你就快樂了。」此時，他們笑得更燦爛、合不攏嘴。

我又問他們：「苦跟什麼同在？」他們回答了好多答案，都不是我要說的答案。我跟他們說：「大部分的苦跟你的念頭同在，你的胡思亂想裡充滿恐懼、害怕、擔憂、批評、攻擊、消極以及負面念頭。活了大半輩子，嚐盡多少苦？竟不知苦從何而來？要開竅覺醒，路很遙遠。」

我跟他們說：「人在笑的時候，念頭和時間會消失，沒有念頭就不會有苦受的感覺。活著，別忘了讓自己快樂一點，再笑一個。笑容，是人最像神的表情！讓笑容，成為自己的天性——是我喜歡的生活方式。」

笑了，不用花錢，就快樂。醒來就能笑！看天地大美，不用花錢，就快樂。抬頭就看得到！智慧開竅的人，喜歡笑，喜歡抬頭看天地大美，總是記得讓自己快樂。人愈常笑，愈常看到美感受美，人就會愈快樂、愈健康、愈有福氣！

課程的重頭戲是覺醒的練習，這時我又要他們看著我，結果大家異口同聲說：「笑一個。」我哈哈大笑說：「除了笑一個之外，請你看著我不要有念頭。」此時有位男聽眾大聲的說：「沒有念頭，等一下我要怎麼回家？」話音剛落，就引來全場哄堂大笑。我說：「我不是要你下課後不要有念頭，我是要你現在看著我不要有念頭。試試看，看你能不能嚐到靈魂功能被我喚醒啟動的可能，下課後，請帶著高度警覺的注意力回家。」

這位男聽眾問了一個從古至今，沒人講得清楚的生命真相。不生心、不動念、無名、無相、無妄想、無我見、無人見、無分別心即是佛性、即是自性，當人到達這個狀態，人就當下解脫痛苦的束縛，處在無時間感的永恆圓滿境地，這對我來說：是事實！

這裡有個大問題是：人的人體在啟動靈體，活在見性狀態後，人體仍要繼續活下去，要自己活得美好也要與身邊人共好，此時仍然需要用到頭腦記憶的東西，否則怎能回家？怎能處理好自己與身邊人的食衣住行育樂問題與花費？

覺醒，是「什麼」在覺醒？

答案是：人體裡的「靈魂覺性意識醒來起作用」。頭腦因被靈體駕馭而神智清醒，人神清氣爽、神采奕奕的活著。靈體就是這麼神，愈用愈神！

當一個人愈活愈睿智，他就是用到靈性視角，否則頭腦只會執迷不悟，一成不變地頑固一生。

在生活中幸福……才是真實智慧。其它內容，空談居多！

真實的生活才是重點；真實會發生才是珍貴。

能讓人在生活中真正活出幸福的內容，才是真實智慧。

能讓人在人生中真正磁吸美好發生，才是揭開命運祕密的真實洞見。無法把自己講的內容千錘百鍊寫成書，只會透過他人代筆成書，這些人說的大都是拾人牙慧，他們會靠媒體做病毒式的行銷宣傳，狠宰一個個被廣告迷幻的羔羊，搞錢的人就喜歡用「大師」、「上師」等名稱包裝心靈課程。我無意一竿子打翻一船人，你最好去從簡易開竅的訊息看起，去際遇有真材實料、有真實體驗的卓越訊息開始聽起，只管深廣開竅，那種要花很高金額鈔票的課程，別上──上上籤！

在《金剛經》的描述中，佛陀的身體感到餓了，吃飯時間到了，他開始穿衣服拿起缽，走入舍衛大城，一戶一戶乞討食物，覺得食物夠了，再回到祇樹給孤獨園用餐，用餐完洗完腳，坐下來……開始講了《金剛經》全文。請注意一個事實：以上生活情節，若不心生動念如何完成？若無用到頭腦的記憶如何做到？怎會如此有秩序完成？

在開悟見性的狀態中，確實人不會起心動念，確實不會用到頭腦的記憶內容，沒有分別心、無任何見解——這是靈體啟動時，人活著的狀態，我很高興能活在此狀態。然而在此同時，當人要處理人體存活的需求時，就要起心動念、就要用到頭腦的記憶和分別心。當佛陀在宣講金剛經經文時，沒有頭腦記憶的文字和名稱，他也不可能把它講好講完，這事實真相，唯有「心能印心」而明白——啟動靈體功能的人已印佛陀之心。

誰把悉達多活出的狀態或境界神話到不可觸及，宣講現代人都不可能達成或超越？這是頭腦妄念之語——是人類最黑暗的時代！

托缽乞食的方式：衛生是個問題，這樣的活法沒有開悟點，已不適合現代人——再托缽乞食就矯情了。

名聞利養的修行方式，欺騙了現代人——打著宗教名號搞起觀光、慈善事業、富麗堂皇的道場是商業交易戲碼。遁入空門和靈修心法走的竟是拓展信眾、累積金錢和事業版圖，眾人把空門當成職業和事業：販賣福報、交易悟空，神性佛性在哪？

「據說」佛陀要人們永離貪欲、瞋怒、愚痴、憍慢、愛著………佛陀的重點在勿貪婪、嬌寵傲慢與情迷執著一切人事物，沒有開悟的頭腦就是做不到！我的開悟洞見會用「據說」這兩個字，不會照單全收所謂的佛陀經文內容，那裡面似乎有著人為造作虛假、可怕審判神話和畫大餅的痕跡。只用頭腦的人不僅照單全收、更不敢質疑、無能分辨真假，總是曲解經文內容，一生執迷不悟就是不會開悟。別入空門，卻過著一生求有執有的生活——人性「相反法則」又發威了！

無法對人性多方領域開竅，不能實用於生活和幸福人生的教法和說法，開悟見性，解脫人生苦海竟是一張空頭支票，現實總是這樣發生——入此修行之門何苦呢？何必呢？

只有在生活裡能被實際的運用，被人真實的活出來，讓自己和身邊人都受益，這經文、書籍、話語才是真知識、真智慧。自己靈魂清醒和生命素質的優化、揚升，才是你的救生筏，別亂入宗教組織和靈修團體——進退不得，要命啊！

遠離有組織架構、有領導人要崇拜跪拜——這超扯超醜。

遠離要人去拉人來進入組織要奉獻人和錢——搞成老鼠會。

遠離有人在宣揚他自己加入這組織團體，人生發生了不可思議的美好，人體能量有感應，很多人都這樣加入——這是傳銷詐騙手法。

遠離自封高人一等的靈性頭銜之人——這是貪痴之心在作怪。

出生後的名字，只是個益於生活的代號，如此而已。怎還會有人去自取一個高人一等的頭銜名稱，這是自我虛榮、膨脹自我的心理在作祟，有此心的人——不會是開悟的人！

／-◇-／-◇-／-◇-／-◇-／-◇-／

我的訊息就只有「真實智慧是用靈體駕馭頭腦來創造幸運、福氣並且來轉化、停息痛苦」這開竅訊息，沒有其他宗教和修行戲碼。我的方法就只有一條終身多方深廣開竅的方法，就是希望你能讓頭腦和靈體攜手合作共創幸福快樂的美好人生。

- 用頭腦想辦法在生活中過得美好——這需要含金量高的記憶內容，所以活著就去接觸、去領悟、去對「真善美」的各方知識和智慧開竅。你選擇接觸的知識、智慧和書和人就是要真、善、美。
- 人就是要用靈體在生活中「不用想」、「無念頭」，就過得好好。

我建議你去看訊息能量既實用、實際又能實現的書，你可以用我的書去檢驗世上的文字、訊息，假使要諮詢或聽講他人智慧，就要真的瞭解他的底——正思維、心愉悅、頻頻讓你開竅的人：最佳人選。

老子、莊子、佛陀都用靈體功能在生活中真實過日子，不是用頭腦在雲端上宣講不是真實的開悟情節——唯有讓生活、生命愈活愈好的發生，唯有福慧雙有的含金量訊息，才是真實的教導，才是生活所必需，才值得你生命能量的投入。

我看到很多人用頭腦天馬行空、不知所云的在大肆宣講開悟見性的論述，個個都有很多信徒，那些信眾以皈依上師為榮，很喜歡轉發上師訊息，以為自己因此覺醒了，當我用靈體看見他們上師的氣場和論述——冷汗直流呀！

靈體功能的精微妙用，就是能善用頭腦記憶的常識、知識並且連結智慧洞見與警覺意識，來處理好生活大小事，這就是我要人們去多方領域卓越開竅，啟動靈體來極致使用頭腦美好功能的原因。一切的論述、爭議、好壞、真假、利弊、對錯，請交給靈魂本體來做主，靈體知道什麼對你好！

頭腦主要任務：多方領域終身大大開竅，用技能、知識和智慧讓自己的生活愈活愈好，幸運的話人會成長到一個高點——在自己的內在啟動靈體！

我看見很多人士在談無分別心的言論，真相是：聽完演講回家，你需要用到頭腦分辨的記憶，不然怎麼回家？只是開悟的人會保持高度覺察和警覺意識，讓靈魂之光照耀指引自己回家。沒用靈魂功能活著的人，用頭腦自動記憶，人無警覺甚至恍惚也能回到家——頭腦的記憶有自動反應功能，這就是人不用靈魂覺醒開悟，人類世界仍舊能運行通暢的原因，也是廣大人類一生都交給頭腦使喚，苦樂波浪直到生命終點才會止息的原因。

靈魂清醒，人會萃取好用、實用的常識和知識，利益生活。

靈魂沒有覺醒，頭腦常常昏昏不察就走到了、就說了、就選擇了、就做了、就惡習上身——危險啊！快快啟動靈體，安全了！

生命洞見

耽誤你我的「妄念」

有位長期喜好研讀宗教經典的友人，每次在聚會時聽到有人談論神佛字眼，就會很敏感的說：「你們現在眼前看到的一切，包括天然和人工製造物全都是神與佛。」一面說一邊用手，指著桌、椅、牆壁它們都是神與佛，這話常搞得瞬間氣氛疑結，大夥面面相覷，尷尬不已。有一次他問我：「你知道什麼是妄念嗎？」我回說：「妄念就是『想法』」。他聽見我的回答，一時間很是驚訝，淡淡回了一句：「對！但也不能不想。」我們的簡短對話，就到此為止，我不想反問他任何問題。

靈魂自性的狀態是無念無見，所以「想法一起、見解一生」便是妄念，這對有真實體驗的我來說，太平常了。

我常聽到有人在說：覺醒的人就是我什麼都不知道、不相信自己的想法。如果它們是完全客觀的真知洞見，那人要怎麼活下去？怎麼會有創造美好的能力？人體裡就是有能停止想法又能運用美好想法的構造：靈體。

在「想與不想」之間、在「想好的和負向想法」生起時，靈體會知道怎麼面對思想。高度覺醒的靈體能切斷念頭，不讓任何念頭生起，同時在需要使用思想時用思想活出美好生活。

妄念，就是想法，但想法也有好想法和不好的想法。當有需要用到想法時，靈體知道要用好的想法來完成當下生活課題，這是我真實之悟！

頭腦只會想，卻活不好人生，也做不好人體主人這個角色。不知那位友人，是否會切、會斷、會換、會用好念頭——來對己、來待人處事。我之所以沒有反問朋友問題，是因為我的靈體察覺他的生命素質可以再更深、更廣、更美的提升。

我年輕時曾跟人們一樣被人分享咒語和佛號的念誦，當時有一小段時期會出現法喜的感覺，原來這是因為咒語和佛號取代了頭腦其它的想法和念頭，讓人處在只想只說那句話裡的感覺，這法喜愈來愈淡直到變成例行制約模式——讓人執迷不察。

古老教主有在念咒語、佛號、做法會嗎？去探尋看看！若你還是覺得有，抱歉打擾你的清夢了，願你夢想成真。

根本問題是：用靈魂駕馭頭腦活著，可以切斷念頭，無分別心也無二元對立的活著；但也要能使用好念頭、好常識、好知識來生活，這兩種都需要。

不是把無分別心、無二元對立拿出來說嘴，就自以為是高見；只會這樣扯，並非有真實覺醒開悟的體驗。

活在靈魂開啟狀態，人當下無念所以無分別心，這完全正確！使用頭腦才能過好生活，人需要分別與分辨好壞與利弊。要達到最佳成效，需要靈魂洞見和靈魂覺察力從中精煉篩選。

人們不知道靈體功能啟動有什麼好處？

覺醒的人，就是擁有「切」和「換」念頭的本事，這本事是靈魂的拿手戲。頭腦無此功能，所以任由苦念、苦受頻頻造訪自己、家庭和與人的關係。這「切」和「換」念頭本事，我希望我的孩子也擁有。

「切」，就是切斷當下的念頭，讓念頭不再生起，在當下觀看和聆聽時沒有任何文字和概念介入其中，沒有苦、沒有時間感的當下就是實相的顯現，這正是「活在當下喜樂無盡」的無念狀態。

能切斷念頭，讓念頭不生起，就是靈魂高強度覺察意識啟動作用，人親嚐開悟見性的滋味，這也就是別人問我何謂妄念？我說：「想法即是妄念。」不管好想法或壞想法，只要想法一生起，就嚐不到永恆喜樂滋味——我正在分享這個永恆喜樂的滋味給你嚐嚐！

「換」就是把不好、負向和無用的念頭，換成有用、實用、感受美好和正向希望的警覺念頭。這個「換好念頭」做得好的人，就是靈魂相對在清醒當中。**生好念頭就有好感受、想像自己渴望成真就有好感受——正是人生磁吸美好的靶心！**

開竅，就是明瞭人大部分的痛苦和傷害，都是因為人在相互的對待上，每個人都只考量自己動物性和社會性的感受和需要，沒有考量和包容到對方的感受和需要。我要快樂，你要聽我的，你為我的付出都是理所當然，大男人、公主病和媽寶就是這樣誕生的——智慧沒有開竅，靈性沒有綻放，個人慾望欲求卻熾盛燃燒！

在我開竅覺醒的體驗中，我發現：

生好念頭，你是好念頭的受益人。

生壞念頭，你是壞念頭的受害人。

不生念頭，你才能從根處理掉壞念頭，從頭腦中生起真實洞見。

能夠生起好念頭和不讓念頭生起的人，才是真覺醒、真開悟的人。

沒能力和勇氣創造成功富有的人，喜歡用淡泊名利和歲月靜好來安慰自己無法在社會中嶄露頭角的無能。無法用高強度意識切斷念頭的人，歲月不會靜好，人永遠無法滿足現狀。看淡不計較、不比較的說詞都只是在強顏歡笑。**想要成功又幸福、想讓好事和奇蹟發生，請多方開竅再開竅！**

別再用頭腦談當下、涅槃、極樂、天堂！頭腦會胡說八道，而靈魂正在用純粹覺察享受當下的極樂與天國滋味！去看、去聽，不要有念頭，把注意力同時放在客體和身體放鬆的感覺上——這感覺就是當下、涅槃、極樂、天堂。

只要你是人，就有一項人生重中之重的功課要去達標：找到自己的諾亞方舟——讓自己的靈魂覺醒，能救贖你的唯有你的靈魂。而不是等待救世主在億萬劫後來拯救你，你竟然相信這神話？醒來、醒來、醒來！

身體會滅，別只想用吃喝玩樂打發時間，別枯等著離開地球！開悟的覺者說：「只要活在靈魂真我出現的時刻，人就活在『無老死』的狀態。」多麼美呀！「無老死」不是指身體，而是靈體——靈魂覺醒會與宇宙源頭合一即是永恆不滅無老無死，真相大白。

歡喜有愛的笑容，最像神的表情。警覺無念的笑容，最像佛的表情。

這兩種真我的表情，開竅的人渾然天成最擅長，這表情你會嗎？你有嗎？持續開竅，就會有！

開竅——愈早、愈多、愈年輕愈好。

啟動靈魂功能構造——愈活愈重要，愈老愈是首要！靈魂狀態，沒有老和苦受這兩種感覺，所以靈魂本體被稱為永恆的青春之泉——這是我喜歡天天日日時常喝的泉水。

人生，在名利情愛之外，有個永恆美好、有個比奢華更享受、比上流社會更迷人的靈魂滋味要讓你品嚐，你要嗎？

你真的可以要。你真的要去要。

我所說的智慧洞見和透澈生命真相，全來自我活在「終身開竅」的時光中。下一章見分曉！

5

終身開竅——你愈開竅，命運對你就愈好

你就是那個因！因，就是開竅。

就是你要什麼？你就要對它開竅。

開竅的你，就是把撰寫命運的那支筆，拿在自己的手上。

開竅太少，你就是把編寫命運的那支筆，交到魔鬼的手上。

恭喜你誕生在地球：歡迎來到終身開竅的時代。

你來地球的目的是：「開竅，活出成就感。開悟，啟動靈體功能」。

開竅，是人生問題的解方和自我救贖的妙方——創造美好之母！

全新時代：人類已從「終身學習」進化到「終身開竅」的時代。

有位長輩帶領一個讀書會邁入三十個年頭，這精神值得推崇！能一直跟著這讀書會成長的人，個個都是終身學習之人，好福氣。這位長輩說他們選書有限制：不能太厚、太深奧，要考量學員們的吸收度，這會限制成員生命素質揚升和靈魂甦醒程度。所有的閱讀和聽講都要從終身學習提升到終身開竅的層次上——學習是為了對人性多方實用領域「從簡易到深廣」的開竅，閱讀之美價值在此！

人從出生開始就不能停止：自己開竅，再開竅，多方開竅，深入開竅！

你很喜歡開竅進步的滋味，你會做著熱愛又有錢的事，那你就能把人生活成喜和樂。

這就是我把開竅捧上天的原因。

我出生的那一天，剛好是隔壁人家新居落成的好日子。當天清晨五點左右，喜氣洋洋的鄰居開始敬天拜神燃放鞭炮歡喜慶祝，母親說我是聽到鞭炮聲自己就蹦出來的孩子。那鞭炮聲彷彿在歡迎我的到來，像是為我獻上人間最好的福報！**無論人生發生什麼事件，是好或壞，能正向看待和詮釋出其中的正向美好價值，就是智慧開竅的人。**

糾結不滿時，轉個念頭想，想開了——就是開竅了。

事不如願時，換個角度看，從中成長——就是開竅了。

現況不佳時，去挑戰新目標，一步步勇敢圓夢——就是開竅了。

會轉念去想、會換角度去看、會美善自己的心思言行、敢於開創內心聲音的呼喚，就是開竅之人。終身開竅的人，會看見此事、此話、此文、此書提升了自己生命的素質和價值！價值愈多愈高愈好、素質愈優愈高愈好、智慧愈高愈廣愈好——這是我傳遞出的訊息教導！

人出生時的條件，決定個人先天的命運。往後的人生路，愈早開竅且開竅愈多，就能自己決定和創造後天的命運。很多開竅太少的人都在先天的命運裡哀嘆著過完一生，知識和智慧持續開竅的人，都在優化自己的信念和潛意識：自己的命自己造、自己的運自己開，自己的路勇敢的走。

觀念、個性、習性和興趣，開竅愈多愈深的人就是跟別人不一樣。愈活愈開竅的人，觀念、個性、習性和興趣對人生的貢獻愈美好，智慧開竅的人，不會栽在惡習上，會贏在好觀念、好個性、好性格和好興趣上。

開竅，就是撼動現在的思想和信念，終身優化自己的潛意識，你能換個更光明的思想，更充滿希望的信念，就能創造更好更棒的命運。信念，就是人不斷重複同樣層次、同樣頻率的思想，過著差不多模式的生活。相同類似的思想，就會吸引相同類似的人事物來到生命裡，與其說人跳脫不出命運的束縛，不如說是自己老是重複相同的思想層次。信念就是要愈活變得愈光明，你想想看，如果你能閱覽百本千本以上像我這樣高頻的書，你塑造出的信念，必定吸引和創造出你喜歡的美好。

對知識、智慧沒有一直持續開竅的人，他的思想、信念、潛意識和生命素質都會停在僵化頑固的狀態裡，生活很難變動、人生很難變好。

在我回首過往認識的人，二、三十年或四十年過去了，大部分人的生命素質和個性變化真的很小，去看看你的父母、叔伯嬸姨、兄弟姐妹、同學友人甚至老師老闆、上師師父和螢幕中的人，還有你自己或另一半——你會嚇出一身汗！

人們都沒有用「終身開竅」活著，對人性之學和理智、情感的揚升，很少人有興趣，很少人在下功夫。終身開竅的人，會看見自己的愚蠢、承認自己的錯誤、改進和修正自己的缺點、活出自信優勢、敢立下目標實現夢想、生命素質愈活愈美善、頭腦愈活愈清明、靈魂愈活愈清醒——世上獨有極品之人。

生活若不是過著終身開竅的日子，無論單身或有伴侶的人：生命素質必退、必惰、必不優、心思言行必低頻負頻——幸福的門在哪？門都沒有。

去看看自己老是在接觸什麼？想什麼？它們就是自己的信念或潛意識。信念造就命格和命運，比起算命，去改變、揚升優化自己的信念和潛意識，才是改命造運最佳途徑。

/-○-/-○-/-○-/-○-/-○-/

現今世界，終身學習必需建立在終身開竅的基石上——人要好命好運好幸福，才有機會、才有勝算、才有希望。

樂在專精技能又能對人性多領域學習而終身開竅的人，生命素質會綻放出高頻能量。反之，生命會散發負頻或低頻能量。

命好之人和有大福報之人，都是用自己人體高頻能量磁場在與宇宙運行的能量場——合諧共舞、相互輝映的結果！

● **高頻能量：**正向思維、勇敢、積極上進、樂觀、鼓勵肯定、愛的情感、歡喜給予分享、光明希望話語、感恩、祝福、開放學習心、平靜、喜悅、敢想像美好又敢行動創造、喜歡自己、動機意圖良善、找方法用各種好方式解決問題、不起心不動念的靜默觀察——生命素質愈高愈優，靈魂清醒程度就愈高，潛意識高頻能量滿溢，讓人有人味，更有神味！

● **低頻能量：**懦弱、消極情緒和心態、負向思考、壞心眼、慣性抱怨批評、怪罪遷怒、封閉自我和自卑、煩惱憂慮、悶悶不樂、容易生氣、不上進、不敢想像美好、內疚和罪惡感、動機暗黑、話語哭窮嘮叨、憍慢自負、面對問題找藉口找障礙——生命素質不優，頭腦頑固狀態，潛意識過多低頻負向能量，會散發出令人不喜靠近的動物味。

記住：生命素質高的人就是活出高頻能量的人！開竅就是極大化自己的高頻能量，極小化和讓低頻能量消失。當低頻能量出現時，不要責怪自己，儘快調到高頻能量的頻率就好——女人男人高頻能量至上，高頻則幸福多多，準到不行。

潛意識記憶著滿滿高頻訊息的人，總能給人暖心歡喜：這樣的人才會有人味。準到爆！

宇宙是個無限豐盛富足的供給者：陽光、空氣、水、食物……

開竅的你是宇宙無限豐盛富足的創造者、接收者和給予者。

你愈給，宇宙和別人對你就愈慷慨。

每個活在地球的人，都是被宇宙無限的愛、無條件的愛福佑著。

每個人的福氣，端看他能否活出生命至高價值，給出多少無條件的愛而得著多少福氣。

唯有自己有高價值的東西與人交換，人才會感受到命運的祝福和宇宙的福佑，活出低價值的人總認為別人的命運和運氣比自己好，不知道這是有竅門可以創造和讓它變好的可能。

開竅，就是創造美好之母！

你要什麼？你就要對它開竅。

一個充滿光明希望的頭腦。

一顆感受美好希望的心。

一張盡說美善話語和祝福的嘴。

一個厚植實力的長期學習之旅。

把它們完美搭配在一起，人就能領受上天滿滿的福佑。

人類誕生的地球是一個極致美麗、豐盛、富足的星球，一個可以源源不斷供給人們一切美好的地方，只要你把高頻能量變成自己生命的天性，宇宙會透過他人他事讓你際遇美好，只要：

- 你的意識狀態充盈著豐盛富足，不是匱乏缺乏。
- 你的思想和注意力聚焦在渴望、想要的目標上頭，不是為生活瑣事碎嘴、爭吵、煩憂。
- 你的感受和行動充滿著喜悅、興奮和熱情，不是無奈無力的感覺。
- 你的話語振動出樂觀、積極、光明、希望、健康的高頻能量，非消極和抱怨不停的低頻能量。
- 你給出的愛和宇宙無條件給你的愛頻率相契合，不是只想取卻不想給，你愈快樂的分享或給予，宇宙和人們對你就愈慷慨！

上述條件你能持續開竅做好做滿，恭喜你誕生在地球，你的人生將被大大的祝福著。幸運之神會神奇地顯化出你全然想要擁有的實物和成就，神奇顯化的大能就是宇宙給予你的無限豐盛的愛、無條件的愛和滿滿的祝福。

你愈開竅，觀念愈通，竅門愈懂，祕訣愈會，命運對你就愈好！

頭腦智慧進、智慧出的人自帶光和美，幸運好運如有神助！

頭腦垃圾進、垃圾出的人自負、傲慉、自卑、自憐，天和人都會敬而遠之！

你頭腦總是接觸什麼，你就會想什麼。

你總是在想什麼，就會得到什麼。

你常常感受什麼，就會擁有什麼。

你都在講什麼，就會吸引來什麼。

你一直在做什麼，就會創造出什麼。

你做的和給出去的，都會回到你身上。

這正是所謂的「思想創造實物、信念創造實相」——你現在的樣子，就是你的思想和信念創造的結果。

開竅，就是撼動和提升現在的思想和信念，你能換個更光明的思想、更充滿希望的信念，你就能創造更好更棒的命運。

你的思想能持續的被震撼，心同時感受到前所未有的歡喜和驚呼，這個發生表示你的潛意識和信念正處在持續揚升的變化中，你已走上自己創造美好命運的路——生命素質持續優化中。

你想、你講、你感受豐盛富足、熱情喜悅、正向樂觀，你的行為就會為你引來源源好運。

你想、你講、你感受匱乏、貧乏、缺乏、負面悲觀，你就會得到欠缺、恐懼、焦慮、貧困、痛苦的惡夢。

對它們警覺，就是開竅的人特有的高度覺察力。

人在分享、給予時，就只是感到快樂，就只是喜歡這個喜悅的感覺，根本沒有想到利益的回報，這就是愛、就是宇宙無條件的愛的頻率。常常對上宇宙之愛的頻率的人，就是幸福、有福之人！

善良，本身就是報酬。

好人，本身就是價值。

給予，本身就是快樂。

人在被人欺負或吃虧時，常感嘆自己太善良才會被人欺負，從此開始宣揚做人別太善良。但人也是在事件中開竅出智慧，在人生中悟出人性的優與劣，在目標和夢想中，卓越自己的能力。讓自己的磁場吸引良善之人來到身邊，最終就是要用靈體功能繼續做個善良的人，這才是在生活經驗歷練中最該發生的事，善良本身就是報酬，好人本身就是價值，給予本身就是快樂，終身開竅之美在此。

自認善良的人啊，請把分享美好、給出價值、貢獻光明與希望變成自己的天性，這樣的你，真的會有好報——開竅吧！回到你身上的，都是你給出了什麼？換得而來，命運真相在此。

把自己的需要置於首位，這是人性。

要能滿足自己的需要，需要宇宙和別人給予，這是定律。

當一個人常用負頻或低頻能量在過活，他就會與宇宙的愛和上天的恩賜分離、分裂、分開。此時，人不僅無法創造自己的想要，也無心無力造福他人的需要——如此，宇宙當然找不到通道給他滿滿的福分。

每個人都把自己的需要置於首位，這是人性。但，每個人的需要都要宇宙和別人來滿足，這是定律。

你的需要無法自絕於宇宙和他人的給予，你需要有能力來滿足他人的需要，宇宙才會回報你無盡的愛和福分。

當你的不如所願愈多，表示你的愛與宇宙和他人的愛分裂了，趕快開竅去跟宇宙和他人的愛合一，給出歡喜共好的愛，這就是愛自己、救贖自己、讓上天應許福報的竅門。

宇宙本體的本質是：愛、創造、喜悅、豐盛富足。

別再感嘆造化弄人，去與宇宙本體合一，讓全宇宙都來幫助你！

宇宙無限的愛來自於創造宇宙萬物的本體，這本體你也可以稱它為「造物者」或「神」。世間每個男女的生命，都是來自這個造物者的愛，它被稱做「神之愛」。你的生命來自於它，你就需要與它合一，每個人都來自於同樣的神之愛，所以你也要給其他人同等的愛。

自己好，讓他人也能受益、得益於你的好。

讓他人好，自己也將受益、得益於這個好。

在生活中我分擔不少家事，因為我同理另一半的不容易，我時常懷著樂意的心在洗碗拖地，我體悟到讓家人好過，就會快樂，沒有任何犧牲、委曲的感受，只有彼此歡喜的共識與默契。

有時，我會為年事已高的父母和我的孩子做腳底按摩，這是出於我的靈性之愛——愛，偉大又容易！上天正通過你的愛、透過你的創造力，讓你接收和豐收滿滿的福氣。

每個人的現況，就是他的信念、思想和感覺透過作為和話語引來而顯化出的結果。想改變現況，想創造豐盛富足的美好人生，請先對此事實開竅——去揚升自己的生命素質、高頻化自己的潛意識、正向光明化自己的信念，極大化順風順水的人生，這樣活都對了！

你就是那個因，你就是一切發生的緣起。

你的思想、感覺和信念夠高頻，你就能夠與宇宙本體的本質合一，全宇宙都會幫助你，顯化你的願望，實現你的渴望，滿足你的欲望——這就是那個「因」。

假使心思言行跟宇宙本體的本質背道而馳，人愈要就愈沒底氣，自己無自信、無能力、無勇氣創造美好，人就愈不敢要，心裡會生起不配得感，從此「好過」和「好運」很可能會變成不可能的任務——這也是一個「因」。

很多大富之人，都是扮演金錢通道的人，他們對員工、他人和世界慷慨大度，上天樂於將福運財富給予他們。注意：大富之人捨得給，但，他還是大富，不是被灌迷湯的把所有拿去奉獻給某團體、某組織或個人，再自己承受貧乏的大愚之苦。

你就是那個因，你就是一切發生的緣起，你跟宇宙和人們緊密相連，你愈早開竅，命運對你就愈好，宇宙和人們對你就愈慷慨，恭喜你誕生在地球，歡迎來開竅，這就是你來此最美的理由和目的之一。

終身開竅會發生：自己的潛意識和信念裡，已沒有貧乏和自我限制的腦戲。

開竅，是創造之母！

開竅，就是有能力去創造人世間一切的美好。那些傳播安於匱乏貧乏的假靈性思維，就是靈魂相對不清醒的一群人。**頭腦，永遠無法接受貧乏生活啊！**

在我嚐到開悟見性滋味後，對人性和生命這奧秘，我仍持續開竅著——開竅到：我竟然能「道」出「不可道」的生命真相！

人活著就是要去創造美好享受美好，活著就是要去啟動自己的靈體功能，來與自己和身邊人大大幸福、大大富足——人生是一場終身開竅的美麗旅程——誰愛上它，誰就能親吻幸福的味道！

你就是那個「因」。

「因」——就是開竅！

就是你要什麼，你就要對它開竅。

終身開竅……

6

最高的藝術：自己創作好自己

創作價值不菲的自己：一生擁有含金量超高的好興趣。
創作不當的自己：一輩子都用消遣的嗜好或惡習在消磨時光。

最美的藝術：自己創作自己——去樂活在「學習→開竅→進步→卓越」。讓生命素質無極限的揚升，極大化自己的創造力與創作力。

人需要對自己做的事，開竅。人需要對自己做什麼事，開竅。

人要創作出一個價值不菲的自己，就從「終身熱愛學習開始」。活在：「開竅、進步、卓越」的無盡成長循環中——我是這樣「活」過來的。

開竅的人會用一生的好習慣、好興趣創作出價值不菲的自己，這創作是最高最美的藝術。

沒有開竅的人會用消遣的嗜好或惡習創作自己卻創作不當，毀了自己和身邊人的幸福。

在求學生涯中，我讀了五年土木建築和五年企業管理。因考試分數選填志願而讀土木建築，讀企業管理是興趣熱愛，兩者皆美麗的安排！人生是一場用履歷表書寫自己生命精彩綻放的旅程。自己創作自己，持續寫下自己引以為榮的人生經歷與角色，履歷就是要讓人驚豔。你只能自己書寫，無法由人代筆！寫得好，人生就好；寫不好，生活不會太好。**用精彩履歷寫人生，你的希望才有希望！**

我人生做了最對的一件事，就是用熱愛學習創作更棒的自己。二十多年前，老婆挺個大肚子跟我開車北上，我們開了三個多小時的車程來到台北國際會議中心，只為聽一場國際級管理顧問的演講，講題是「整合的藝術」，整合就是要能匯聚卓越之人和資源，來讓目標和願景實現或解決問題。

對人生地不熟的台北，我竟然敢開車載著懷孕的老婆前往，如今回想起來，全是因為我求知若渴的學習心在導引著我的人生。在各個圖書館、文化中心和各種成長課程上課的地方，總會看到年輕時我熱愛學習和閱讀的身影。

你的好習慣和好興趣含金量高不高？

智慧開竅的人言之有物、話中有哏、心有敬愛、生活有美。

在人生中我最大的愛好是學習和閱讀；在人生中我最大的喜好是聽講卓越。我年輕時就喜歡看白天的天空、夜晚的星星、廣濶無垠的大海、潺潺溪流和壯麗的山；我喜歡散步、看樹、看花和欣賞老婆畫作，這對我很是療癒。

除了金錢，好書是我人生最喜歡的外在之物。書，讀著讀著，我跟自己變成了知己。書，看著看著，我持續開竅出智慧洞見不再人云亦云。書，悟著悟著，我真實體驗到「道」的狀態和滋味，啟動靈魂功能，寫了書，書讀著、看著、悟著，不知不覺中，喜歡上了持續多方開竅而進步的自己。

為了悟出大智慧，人必須要踏上一段長期孤獨精進的自我學習旅程。為了成功和財富，人必須要對專業知識、生存發展的技能、與人合作創造共贏共好的訣竅開竅，同時珍視他人的友誼。

我對好書的定義，就是美善訊息。

● 好書能讓人的情感和理智持續成長、同步揚升，人體洋溢著愛、美、善的喜樂能量。對好書中的內容：理智真正開竅，情感真有感受到那美善滋味，把正能量變成自己的天性，你讀「對」書了！讀對的書、聽講卓越訊息、看充滿光明希望的文字和美麗畫面，就是在做優化和揚升自己潛意識的事——書中自有黃金屋、更有黃金億萬兩，讀對、學對、做對了，奧秘在此。

● 書中訊息要能被人活用到生活、工作、事業、與人關係的美好上，更重要的是能一讀再讀，永遠有不同的領悟和體驗。

● 好書能讓人從知識之中開竅出創造力，從智慧訊息中開悟出真知洞見、生命素質愈活愈高愈美、心歡喜愉悅，思想讚嘆連連，我就是喜歡「看」這種好書、「寫」這種好書。

思想愈拉愈高、心情常感平和喜樂、人體的靈性能量高度綻放、自己充滿自信優勢，這是我在年輕時到結婚後，養成閱讀好書和聽講卓越結成的生命果實。這興趣和習慣提升了我的生命素質，造就了現在的我——幸運的人都會把人生愈活愈美好！

趁年輕、趁尚未結婚、趁有空閒、趁現在，不管年紀，請把看好書和聽講卓越排進生活裡。開始，只有開始！直到有一天，好書由你寫出，真知洞見由你說出。欲速則不達，用在開竅和開悟，最真實！

現在就去看看你著迷的愛好是什麼？你就會明瞭自己現在過得好或不好的原因，你就會明白你的未來還能不能有更好的期待和期許？

人和外在處境都是一點一滴變好、一點一滴變壞。一點一滴，正是習慣和複利的威力。

一點一滴變好，正是開竅威力的顯現，智慧沒有開竅的人喜歡速成、不勞而獲！人的能力和財力都需要時間一點一滴的累積，智慧則需要一天天的開竅領悟。

每當我看見身旁認識的年輕男女被分手或被離婚，鬱鬱寡歡走不出來，我總想告訴他們：去閱讀智慧、去聽講卓越、去學習新技能，只有一點一滴重塑一個又新又美又好的自己，言之有物、心有敬愛、生活有美、能談笑風生，人的未來才會新、美、好。

人會變好或變壞，都是從小到大一點一滴累積而成！一點一滴就是日常「喜好、偏好、愛好」做和把玩的事物，誰能早一點從中開竅？早一點擁有一生的好習慣？

做和把玩能美好人生的事物，他的人和人生處境就會變好、變更好、變好好。

一點一滴累積，就是在創造奇蹟！一點一滴累積，就是踏上成功複利的最佳投資！

正是一點一滴的累積在創作價值不菲的自己與創作不當的自己，一點一滴累積，正是習慣和複利的威力。世上最醜的作品：創作不當的自己。

／-◌-／-◌-／-◌-／-◌-／-◌-／

要創作出一個滿意的自己和人生就要瞭解到：自己的個性、習性、興趣、嗜好，都是自己的好惡磁吸來的結果。有些是在原生家庭和跟社會習染來的，很多是自己沒有開竅，有了不上進的習慣，沒有培養出持續讓自己多方進步的興趣，在時間中對自己創作不當。

快樂學習——人生好解；開竅進步——人生好樂。人要贏在起跑點，在未來成功又幸福，就要建立在樂在開竅、熱愛學習、親自手作的事物上，跟對的人和喜歡的人學習，發掘自己一生的天賦優勢和多項才藝技能，這快樂是長遠的快樂——這是我和老婆教養小孩的理念。

當小孩跟我說他又報了某學習課程，立即付錢是我對孩子的支持。在生活中，孩子總是會看到我閱讀領域的多樣性，看到我閱讀的身影——看到，就會學。我偷偷地笑！

快樂學習，把學到的用出來，人就會在成就感中進步。別一直談或接收：不能用、不實用、不是真相的說法、方法和做法。

成就感不滅，人生永遠光明！去一直開竅把成就感的價值，黏到自己的生命中來。

樂在孤獨，友誼萬歲，關係和諧美好。

愛上孤獨，不是內向害羞、封閉自己、不與人為伍，而是一段自己志於學的精進長路。自己有價值，別人好喜歡你的價值；自己有墨水，別人讚賞你的墨水；自己好相處，別人樂於與你相識和相處，這是人「樂在孤獨精進生命素質」最美的發生。孤獨，是你都用什麼愛好跟自己相處，你要讓自己擁有什麼？會什麼？精通什麼？你有的，才能給出來，你給出來的，會回到你身上。

> 樂在孤獨，是喜歡去接觸和體悟真善美的人性智慧，不喜歡結交和碰觸負面垃圾能量。值得玩味的真相：人群中負面垃圾能量多，在人群中打滾一生的人，醜態和苦受會常浮現。

一生都在與他人打滾，在消遣嗜好中打發時間，沒有長期孤獨精進自己，要開竅到開悟難！

友誼的重點是：你都跟什麼樣的人在消磨時光？友誼的核心是敬愛、利他、相互成就、互相感恩、互為貴人、共度歡樂時光；友誼的敵人是比較、嫉妒、只利己、見不得人好、一起沉淪。

／-¦-／-¦-／-¦-／-¦-／-¦-／

每個人擁有的一切和活出的成就，都是別人所促成，這就是「貴人」的定義。你的身旁現在就有好多好多的貴人，你要如何對他們表達感謝？要如何讓他們賞識你、喜歡你、幫助你？這需要一段長期孤獨追求卓越的旅程和創造出相對大器富有的自己。

你的人品、你的談吐、你的才華與實務能力，決定你被貴人看上的理由，這就是「自己是自己最大的貴人」這句話的智慧點。

人生是一段自己創作自己的旅程！

創作價值不菲的自己：一生擁有含金量超高的好習慣、好興趣。

創作不當的自己：一輩子都用消遣的嗜好或惡習在消磨黃金歲月。

世界上最高的藝術就是自己創作自己！把自己當成作品、藝術品來創作，你要創作出什麼樣的自己？要雕塑出什麼模樣的自己？

美感極佳、價值極高、福慧雙有，使人們喜歡與你為友，願意助你登上頂峰，恭喜你，你創作出的自己，作品極致成功；這藝術品，永遠璀璨亮眼、獨一唯美、價值不菲。

自己永遠是那個無價的藝術品！毀了這個作品和成就它的元素，是每個人跟自己、跟別人在一起時的愛好，這些元素已創作出每個人現在的自己，它們將繼續塗抹每個人未來變化的模樣。

自己創作自己——

你長期以來都在看什麼？聽什麼？想什麼？說什麼？做什麼？有何感受？

你的現況和活著的滋味，就是這樣創作來的，開竅就是去創作一個好棒好讚的自己！

你需要高度開竅，才能警醒、警覺它們，才會創作出價值不菲的自己！愛上孤獨終身開竅的自己、友誼萬歲、與身邊人關係永遠和諧美好——這是開竅、福慧雙有的人的創作理念。

我三十年來就是熱愛閱讀好書、聽講卓越、演講、授課、寫作、出書到近年的經營事業，我用這樣的日子創作了我自己——我挺喜歡這個自己。

自己創作自己，卻創作不當：原因正出在自己沒有活在終身開竅的時間軸中。時間都被自己消遣式的愛好，被無益生命成長和進步的習慣給浪費了——誰能滿意創作不當的自己？

最美的藝術——創作出價值不菲的自己；最醜的作品——創作不當的自己。

震撼自問：你用什麼在創作自己？你這一生都會有的好習慣和好興趣是什麼？

你有對人性多方領域持續開竅的興趣嗎？想幸福的人就是要來一個，永相隨！

創作好自己：學習和閱讀的東西就是要含金量高，思想能對我的書開竅，情感對我的訊息超有共鳴。這樣的你還需要當教徒嗎？還要依賴上師嗎？想進入教會嗎？去靈修和禪修嗎？——不用了，你對生命真相已大大開竅，自己就是自己的光。

學習、開竅、實作：極大化自己的創造力、創作力和創意，這件事跟開悟見性同等重要！你正是用平常做的事，創作了現在的自己；你現在生活日常做的事，會創作未來的你。

你需要對你做的事開竅，你需要對自己該做什麼事開竅，你才會創作出一個滿意的人生和喜歡自己，自己創作自己，創作出那世界上最高價的作品都比不上的自己。

人問：世界最美的藝術在哪？

我說：天地大美。

人問：世間最高的藝術在哪？

我說：自己創作自己——創作出啟動靈體，活著就快樂的自己！

去樂活在「學習→開竅→進步→卓越」的無止境循環中。自己創作好自己——開竅到開悟，從「頭腦人」創作成「靈體人」。世間最高藝術：用靈魂駕馭頭腦、心和指揮人體活著的人——超美。

7

覺察到自己在覺察——遇見更美好的自己

覺醒，就是覺察到自己活在覺察中。
靈體六大功能啟動時的那個「我」即是「真我」——最美的自己！

靈魂會用無念之眼、之耳去看去聽，沒有任何觀點、概念和評價：看得順眼、聽得順耳。

靈魂會用高強度的注意力對周遭保持警覺狀態，那個高度警覺卻又無念的狀態就叫真我。那個念頭變來變去的叫思想、妄念，就叫小我。

創造、創造、創造美好——在活著的每一天。

覺醒、覺醒、靈魂覺醒——在活著的每一刻。

人們知道「成功」能得到什麼。金錢、跑車、豪宅、名利、權位……所以立下目標努力追尋，它們看得見、用得到，令人期待。

人們根本不知道開悟見性的狀態和滋味是什麼，卻發下宏願和立下目標追尋，盲人摸象、瞎子過河，還高談闊論要改變世界渡化他人，真是誤會一場，哭笑不得。

台北有個心靈成長團體邀請我演講，講題是「開悟見性」。我說這主題宗教色彩過重，是否把它改為「覺醒的練習」較接地氣？讓各種背景的人都能接納喜歡。成長團體的創辦人堅持講題，她似乎渴望我能揭開那開悟見性的神秘面紗，直球對決，直擊數千年來那被傳誦：不生不滅、無有恐怖的空性狀態和永恆喜樂的神性滋味是什麼？

這對我來講駕輕就熟，對此講題我已出版兩本書：《震撼你一生所學——自己誕生自己》和

《52個覺醒的練習》。自己誕生自己的意思是：自己的靈魂，自己開竅誕生出來。但，就如同老子的領悟：道，不可道。既然不可說，那老子為何要寫《道德經》？我為何要出版書？因為所謂的神性洞見、如佛心智比頭腦的邏輯更高，它無法用望文生義和思辨推論教義獲得，它只能被直擊、被真實體驗，就看誰有慧根、誰能開竅、誰有福氣遇見真知之人或真知之書。

╱-◇-╱-◇-╱-◇-╱-◇-╱-◇-╱

成長團體創辦人之所以邀約我演講，是在看了我寫的領悟和體驗，直覺認為我有覺醒、有開悟，她問我：「是師承那一宗教或法門？」我說：「海納百川是我的教派，我不是教徒，沒有師父跟隨，渴望吸取各方巨人的智慧是我的法門。」對我的回答，創辦人更加好奇和充滿興趣，立即確定時間要我前往講課，對這位創辦人的直覺，我驚呼這心有靈犀一點通的感應能力。

這場演講從下午二點開始，講到晚上七點，大家欲罷不能，因為場地租約時間和考量，聽眾皆沒享用晚餐而結束！成長團體的成員很多來自外縣市，有些女學員在工廠工作，利用假日坐車來台北聽課學習，這精神令人感佩不已，這場演講時間之長，刷新我單場演講最長紀錄。

現在如果有十億元和生命覺醒要給你選，你只能選一個，你會選擇哪一個？

學員們以為自己多年來，上了聽了讀了無數所謂大師的大道和上師的真理，個個生命都已覺醒。我問他們：「現在如果有十億元和生命覺醒要給你選，你只能選一個，你會選擇那一個？」學員們竟然毫不考慮的大聲說出：「要十億。」我哈哈大笑告訴他們，你們根本沒有真正覺醒和開悟啊！同樣的問題，我問老婆，她回答：「兩者都要！」我也哈哈大笑，因為老婆真的嚐到那啟動靈體的滋味，同時她也想要財富自由，我明瞭這是何等美好的人生。

得道多助——有能力又能給予愛的人，得美好際遇、際遇眾多美好。

多道開悟——廣悟人性多方智慧養分者，較能開悟見性。

悟道得救——啟動自己靈體功能的開悟者會解脫人體苦念苦受束縛，靈體可說是自己人生的救世主。

人們知道「成功」能得到什麼，金錢、跑車、豪宅、名利、權位……等等，所以立下目標努力追尋，它們看得到、用得到，真的值得期待。有趣的是，人們根本不知道覺醒開悟的狀態和見性滋味是什麼，卻發願和立下目標追尋，設定很多戒律教條，綑綁自己成為信仰的囚徒，盲人摸象、瞎子過河，還高談闊論，真是誤會一場，讓人哭笑不得。

並非說教徒不會覺醒開悟，只要是人，頭腦能開竅，人人都有機會，人人皆有靈體可以啟動，沒有固定模式可套用——這是真理，無法撼動。只是教徒容易被信條束縛，恐怖的是束縛一生！

在我靈魂覺醒後，我洞見到世界上有一群渴望想要解脫人體苦受束縛的人，不約而同走上一條信仰之路——這是世上最大的同溫層。這群人再怎麼走，也擺脫不掉自己頭腦裡盲目的信仰，明明是靈魂不得自由的一群人，卻到處傳播束縛他們的信仰，怪哉人生，什麼事都會發生！

若有教徒真的覺醒開悟，他會看穿信仰，跳出和放掉很多迷信和相互矛盾的虛假東西，只會分享自己靈體真實體驗的東西。

慧根有上、中、下或高、中、低。以開竅和領悟能力為界線，慧根高或上根器的人相對較少，這正是古老和新興宗教的扭曲之點，因為眾多慧根中或下之人混雜在宗教和教法裡，誤解教主本意、誤立宗教、誤傳教法，更離譜的是自封為教主——這現象只有「宇宙有生就有滅」能解決！對此，我的靈魂洞見要告訴你：愈早多方開竅的人，領悟力會愈高，開悟見性的機會在此找著。

近百年來，世界上出現不少嚐到神性、佛性滋味的人和著作，有些很熱門，有些很冷門，他們一個個被我磁吸而來，有些書我看了不下百次，內容都是白話文，對這些人的訊息大大開竅讓我靈魂覺醒，品嚐了真實的神性和佛性滋味！

如果你有獨有的靈魂洞見想分享，宇宙一定會給你平台供你傳遞，只要你朝著這個方向走，你的舞台就會出現，只管去走自己的路，勿與我論辯開悟見性之說——這滋味，只有嚐到的人才會真相大白！

不要管慧根層次，只管做到：樂於多方學習進步、閱讀眾多真實知識與智慧、從痛苦中持續開竅，那無預期的開悟見性就會發生在自己身上，開竅開竅開竅——請擺對重點！

在生命成長的過程中，我樂於享受把學習、閱讀和聽講所學到的知識養分，活用到人生的經驗歷練中，印證它們的實效性！我就是喜歡品嚐和體驗思想層次躍升的感覺、那浮現好多愉悅情感感受的滋味、我優化了生命素質讓正能量成為天性、驚呼靈感洞見頻頻出現，這震撼人生的美好，到現在還在持續中。

在我喚醒靈體之前和之後，對別人談的修行或靈修，我起不了同感心，要發什麼願？要學誰？要走什麼道？在嚐到覺醒開悟滋味時，我大悟！

當我睡醒，就會讓自己的靈魂功能啟動，人體處在祥和覺察的無念狀態——就這麼簡單！當我失去純粹覺察意識被頭腦掌控時，我會快快喚醒靈魂來駕馭頭腦，這是我內在生活會上演的曲目。

要用念頭的時候，就用好念頭來生活，要處理人事問題時，就用靈魂功能來全盤考量現實利益和真實有益的價值做法。一般人睡醒，念頭就開始自動指揮人體，想苦想樂的頭腦又開始了日復一日的工作。

對靈魂覺醒和開悟見性真正開竅的人：

- 會意識到自己和人們被宇宙用愛連結著，所以樂於對人們的幸福貢獻心力，歡喜分享、樂在給予已成為自己的天性，人因此更幸運和更有福氣，這是他與宇宙之愛合一的開竅領悟。
- 會覺察到自己和他人的需要和感受必須得到滿足，人才能極大化自己的快樂。人活著永遠都會有需要和感受要滿足，真正有用的智慧和實用的知識、能力，就是要能被用來創造和解決自己與身邊關係人現在到未來多變的需要和美好感受。

● 會用無念之眼、之耳去看去聽，沒有任何觀點、評價和概念生起，就只是觀察和傾聽、聆聽。因此可以看到實相、看見美；聽到真實、需求或別人心理呼救的聲音，對人事物順眼、對聲音順耳，這是靈體功能的妙用——孔子的不惑和耳順，只有靈體功能做得到！

● 會用高強度的注意力對周遭保持覺察狀態，對自己正在做的事和周圍狀況，有意識地保持敏銳的警覺心。

你幾歲開始啟動靈魂功能，你的生命就從那時開始真實活著，你會從那時開始極大化自己幸福快樂的時光。

人們常把靈魂覺醒或開悟見性當作人生的終點，看作生命成長的最高峰，真相則是：人生，靈魂覺醒才開始，或者：生命，開悟見性才開始。

人來地球活一生，除了美好自己和身邊人的幸福，最重要的任務是去啟動和使用自己人體的靈體構造，這點竟成了頭腦無法想像和大部分人無法觸及的點。曾經我也無法想像，現在我用靈體寫出比起我看過的書更浩瀚的人性真相，對現在的我能寫出這人生全方位實用白話經書，我高喊奇蹟。

「開悟」是什麼？

開悟就是對能啟動靈魂構造的真知洞見與智慧，人真正的「開」竅領「悟」，而讓靈魂功能覺醒起作用。

「見性」是什麼？

活、看、聽。只有全然的注意力而沒有念頭生起，當你能覺察到這股人體高強度的覺察力、注意力，它就是你的覺性、自性、佛性、神性的滋味。這純粹只有覺察沒有頭腦思想參雜在裡頭的狀態，你能活在這覺性狀態裡就叫「見性」！

見性的狀態和滋味，永遠都是一樣的平安狀態和喜樂滋味，不會出現不同的狀態和滋味，因為靈魂甦醒的感覺都一樣——人人的靈魂都一樣！

開悟，就是能領悟那至高的智慧而讓覺醒發生，這智慧的境界和高度永無盡頭，這就是宗教的死胡同，以為真理有落腳處，教主是頂點，這玩笑開大了。

活在今天科技時代，外在來到人工智能時代，內在來到啟動靈體功能的時代——我的世界正這樣在運行！

注意：人類，就是活不出超越古老經書的狀態，才會開不了悟！

注意：人類，再怎麼講都圍繞著古老經文在解釋，才會見不了性！

／-◌-／-◌-／-◌-／-◌-／-◌-／

上個世紀有個開悟見性之人，他的法門只有一個，就是去問：「我是誰？」這個問題的答案，用頭腦一輩子觸及不到。我三十八歲前根本不知道「我是誰？」是在問什麼。現在的我知道了。「我是誰？」就是靈體啟動的狀態。它是一個靈魂出現高強度的覺察狀態和滋味，不是任何性別、名字、角色、職稱……

我是誰？就是有一個覺察在覺察著一切，只有覺察之感，沒有念頭亂入，我的靈體會答對這道題——善哉善哉！

／-◇-／-◇-／-◇-／-◇-／-◇-／

靈魂永遠有更大奧秘、更高能力可以被活出來，這是生命覺醒最美的地方。無止境的進化才是真相，時代的巨輪不會停在數千年前的古老經典教條上不動，這不是上天的本意！

這本書傳遞出的訊息是上天無形之愛，祂希望現在的你可以啟動自己的靈體——救世主就是你人體裡的靈體！

十億元，怎能勝過靈體覺醒開悟——那人體永恆靜定祥和、平安喜樂、對人性和生命真相一切大白的滋味。也別誤會覺醒開悟的人不需要錢，這個時代是人人需要貨幣的時代。這個時代是有錢、有靈體永恆喜樂功能可以使用的時代，真的棒極了！好極了！

／-◇-／-◇-／-◇-／-◇-／-◇-／

詩人魯米說：「在對、錯之外有個地方，我們在那裡相遇！」

思想是騷亂的源頭，思想會有對、錯之分。思想在運作時人無法高度覺察和警覺的活著，只用頭腦思想活著的人，永遠無法遇見魯米。

「在對錯之外，我意識到我沒有念頭。」只有靈魂純粹覺察和呼吸在作用，魯米就是要和你在純粹覺察中相遇，在靈體啟動的地方相遇，這狀態就叫「彼岸」——我讓彼岸真相大白。

此岸：頭腦在對與錯、是與非、好與壞、善與惡的念頭中，苦樂苦的活著——頭腦只能在此岸這樣活著。

彼岸：靈體在對錯之外無念頭的地方覺察著——靈體活在永恆平安喜樂的狀態中。

「在對錯之外有個地方，我們在那裡相遇。」這句話，我認為把它引用到人與人在溝通表達的時候，雙方要能取得成功、幸福、歡喜的結果，它是最高指導原則。在對、錯之外，只談感受和需要、把雙方的幸福快樂擺在首位，利益關係人若能對此有共同的認知，大家就會在對、錯之外相遇交會，豐收成功幸福美滿的果實。

人們很喜歡說一句話：「現在的努力是為了遇見更美好的自己。」

我的洞見是：

更美好的自己，最終只會給啟動靈體功能又能創造生活美好的人遇見。

撇開誰對誰錯的腦戲，聚焦在當下雙方的需要和感受，提出各自的需求，同理、同感對方的感受和需要，彼此成全對方，一起「共好」，共享美好由此展開。

用高強度的意識覺察力跳出頭腦思想之外，把注意力聚焦在無任何念頭評價好壞、評判對錯是非的地方，就能品嚐到靈魂甦醒時那大好、大美、大喜的滋味！

當你覺察到頭腦思想又起騷亂，快快來到「對、錯之外的那個地方」，要與人溝通或要自己獨處，都是最佳解方和最佳去處。

我們的頭腦若在對錯之中相遇，就會一直爭執爭吵，任誰都不好受。我們的靈魂若在對錯之外相遇，就會感到幸福，前提是現在的你就要開竅，去關閉念頭，延長警覺和覺察時間——你就會遇見自己的靈魂真我和魯米的真我相遇。

真我，會在你只有警覺沒有念頭時被你遇見。真我，會讓你擁有超越頭腦邏輯的真知洞見。開悟者的經書文字，只有「真我」讀得懂！

信我者得永生，這個「我」講的就是「真我＝靈體」，這是大部分人一生永遠的謎，頭腦無法答對的問題。真我就是自己的靈體、就是自己的靈魂，一定要真實的活出來，不是只用相信的力量，那太淺薄——真我狀態這滋味「飄仙味」！

真我＝靈體＝靈魂＝覺性意識＝記得自己＝臨在當下＝靜心＝純粹覺察在無念狀態＝覺察到那個覺察＝神性佛性＝遇見更好的自己。驗證完畢！

會從理智和情感一路開竅揚升的人，靈魂這朵極致美麗的永恆之花才會綻放。有了靈魂真我，任何人都能在對錯之外、念頭之外遇見魯米、遇見佛陀、遇見老子！心印心就是靈魂對上靈魂，在念頭消失處，你拈一朵無言之花，一笑到永恆！

放鞭炮了！

警醒是去終生多方開竅，不是只做「學佛」狹隘之事；是啟動靈體功能「與佛合一」，而非去成為學佛之人。上天不會讓模仿的贗品變成真品，沒能多方深廣開竅，學不學佛？是不是教徒？都會與佛、與神擦身過，畫虎成大代價是痴迷一生，這開悟洞見，真棒呀！

8 對人性真相開竅——人性包含動物性、社會性、靈性面向和需求

動物性本能：吃喝拉撒睡和情慾之愛的需求。
社會性欲求：功、名、富、貴、玩樂、與人關係美好的需求。
靈性的渴求：對人性和生命真相、真知、真理生起渴望瞭解的需求。

有沒有一種快樂是不需要把情慾、權位、名利、財富、物質和他人考慮進來，也就是靠自身就能快樂，在當下此刻沒有任何肉欲、物欲就能快樂，有沒有這種快樂？

有，人體就是有這種快樂——就是用靈魂純粹覺察意識活著的滋味！純粹覺察，就是只有警覺和覺察，就是只有祥和安樂之感，沒有任何念頭、文字、概念、名相的干擾，這純粹覺察出現，人就平安喜樂——平靜、安和、歡喜、快樂。

動物性的本能必須得到自然適當的滿足。

社會性的欲求必須得到適性的發展和滿足。

靈性就是靈魂的覺性，靈魂構造必須啟動，覺性意識才能極致綻放，人的動物性欲望和社會性欲求才能圓滿如意。把動物性、社會性、靈性完全融合在一起：享受幸福美好的人味同時品嚐永恆之美的神味——人生最大賞！

我熟識一位成就卓越的企業家，每次我出書他都會跟我買去分送給親朋好友。相聚時他問我：怎麼能寫出這麼多本書，靈感都是從那裡來？他問我是不是看了很多研究期刊、論文報告？我笑了出來，當然不是。企業家友人喜歡思考發想，很會解決問題，公司績效卓著，常常受邀上課演講，成就有目共睹，我知道他的好奇，依他的經驗和成就，應該他也能寫書才對。其實，企業家友人真的可以寫書，寫自己真實經歷的體驗、領悟之書。

我回答企業家友人：「之所以能一本一本的出書，全是因為您剛剛提到的兩個關鍵字，那兩個字的第一個字是我寫書的智慧泉源。」友人果然睿智聰穎的說：「靈感的『靈』，靈性嗎？」我說：「您說對了，用我的說法是『靈魂』或『靈體』。人體裡有一個比頭腦更高的構造功能可以啟動使用，這功能讓我靈感洞見和智慧金句泉湧。」

在我靈魂清醒後，靈魂把我從年輕到現在開竅、領悟、體會的人性和生命一切好用的知識和真實的智慧，結晶出來呈現在我寫的書中，多妙啊靈體！但是，「人體有比頭腦更高構造的靈魂功能」這說法，似乎讓企業家友人摸不著頭緒，問號頻頻冒出。

／-◇-／-◇-／-◇-／-◇-／-◇-／

人是多方需求的物種，需求順心如意，人就幸福快樂；需求不順、不滿，人就痛苦難受。人生要能極大化自己幸福快樂的竅門，就是對人性真相開竅，人性包含動物性、社會性、靈性。

動物性本能：吃喝拉撒睡和情慾之愛的需求。

社會性欲求：功、名、富、貴、玩樂、與人關係美好的需求。

人體的靈體要啟動。人是萬物之靈，自然會對真知、真相、真理有熱切的興趣需求。能高度領悟、理解、真實體驗到真知真理和覺察到事實真相的人，靈魂功能才會啟動——我就是這樣啟動靈體功能而知道人性包含：動物性、社會性、靈性。三者全要在人體中共同和諧運作，才能時時品嚐：活著就快樂的滋味！

靈性，就是「靈」魂的覺「性」，就是高強度的純粹覺察意識。這個靈體構造功能一定要啟動，人生才會是圓滿美好的旅程，才會有永恆完美的句點！

細胞、代謝、血液循環等是人體存活的自動運作本能，平時人無法干預。其它人性中的動物性欲望和社會性欲求，都是透過頭腦的想法在下達指令，這就是一條靠追逐欲望求得快樂的人生之路，學校教育和社會歌頌的都是出人頭地的名利追逐。

欲望讓人樂此不疲卻也時常傷悲，所以大家都在人生這條路上用頭腦思緒和心的情緒走得不滿、不樂、不容易卻又執著不放。人類不知道自己大都活在動物性和社會性需求中，很少用到靈性層級，靈魂未甦醒起作用，很難對自己的人生感到滿意，這就是人類常感嘆人生不如意十之八九的原因。誰能滿足自己人性的動物性、社會性、靈性多方需求，他的人生才會活得相對容易與順利美好。

誰能極大化自己的幸福？健康、金錢、靈體：幸福人生三大寶物！

健康、有錢、活出天賦創造力又能啟動靈體功能的女人和男人，幸福會極大化常相隨——這人性真相，你一定要開竅！

人類從小到大讀了不少書、聽了無數教誨，自認信了絕對的真理和教主，說起話來頭頭是道，總認為自己想的、說的都是對的，但為何還是無法跟自己、跟他人過好這一生？為何還是找不到一條人生最美的出路？這疑惑讓人愈活愈想不透，這問題大部分人活了一生都無法解答。這問題，頭腦無法理解、無法解決！

我偶爾會聽到故鄉老人，每當兒時玩伴或村裡認識的人離開時發出感嘆：「人生無用，無用啊！」似乎對人生到頭來終究是空無、虛無，心有戚戚焉。

年輕時的學習、開竅、圓夢，為的就是早點活出成就價值，同時為啟動靈體功能做好終身學習和開竅的準備。只有靈體能安樂在虛無、空無、空虛中，頭腦會恐慌於虛無、空無和空虛中——沒有工作、沒有安排活動、沒有電視手機、沒有別人和寵物陪伴，人就感到恐慌煩亂——這樣的人靈魂睡得很沉！

除了健康和金錢，內在「靈性缺少症」和「靈體不作用」是人類身心之苦的根源！人有健康、金錢滿足，卻仍然悶悶不樂、不苟言笑——我診斷這人得了靈性缺少症：不會使用人體裡的靈魂功能來生活、來待人處事。對過去感到遺憾後悔，對現狀不滿不甘，對未來感到憂心焦慮、對人生已棄械投降，無力回天，這是全世界大多數成人的無力人生。這樣的生命一定是少了什麼，才會讓自己的人生上演這樣的劇情。

真實的答案是：靈魂功能沒有啟動，人控制不住身體欲望和頭腦妄念，任其到處撒野。靈性素質（也就是生命素質）低下的人，就會用惡習、壞嗜好、不佳的個性和無能創造滿意的財富，感嘆命運的捉弄。

創造成功富有、與人關係和諧，這樣的人才能滿足自己人體需求和社會尊榮，單這兩項任務人類的頭腦就很難達成，造成每個人都疲於應付自己生活上的身心壓力——**自己沒有擁有對人性有益的實用技能、知識和生命智慧開竅的興趣，任務當然難達成。**

生命洞見

沒有念頭的覺察力

一位女性聽眾在聽我演講後說：她很慶幸自己能走上心靈成長這條道路，但面對年歲已高的父母，真不知道如何導引他們，對此她感到很無奈又使不上力而請教我。

我回答：「你很難教導父母道理、真理，或許你可以找機會請你父母練習『看著你不要有念頭生起』或『看著彼此不要生起任何名稱和想法』或『看著自己的手慢慢舉起只有注意力』，停在這個沒有任何念頭、名稱和想法生起的感覺裡，如果他們真能嚐到這個感覺，停在這個感覺裡愈來愈久，反覆練習，覺察到自己在覺察——靈魂甦醒的奧秘花朵或許會綻放在他們身上。

我會這樣回答是因為除了老婆和孩子，我也試圖指導我父親和姊姊用「沒有念頭的覺察力」去喚醒自己的靈魂。

在教導父親時，他說：「我沒有在胡思亂想呀！」聽到這句話我噴笑出來，顯然父親不懂覺察當下是什麼，他誤以為我認為他在胡思亂想。我姊姊直接就說「她做不到沒有念頭的覺察」，我要她多練習，我會再找時機繼續指導他們。

人可以親自見證活著：真正完美時刻！

人們常說：「人生或任何人都不會完美。」這說法就是人體構造的現實和人用頭腦功能主導人生大小事的事實。也有人說：「任何會存在的都是完美。」這說法超越人類不可知的宇宙目的。

完美，真的存在——它是一種滋味，這是我的體驗！只用靈魂駕馭頭腦：空無一念的活著、看著、聽著，在那警覺的感覺裡、在那純粹覺察的意識裡，就是完美的時刻、就是完美的滋味。只有

「完美」這個詞才配得上無以名狀、無法形容的神性臨在滋味！人來地球最美的目的就是嚐到這個完美的神性滋味——我滿意這答案。

當頭腦念頭又跑出來想東想西、說三道四，完美滋味就不見了！神性、佛性、自性、臨在（＝靈在）的狀態消失了——念頭讓靈體不起作用了，頭腦開始對美醜、好壞、是非做出評論了。

我現在能活在一個小時的永恆完美喜樂滋味中。

這一小時裡，我用靈體純粹覺察活著，當一小時後或中間，我的頭腦莫名自動想東想西接著生起情緒時，此時我的靈魂覺察功能不作用了，我無法覺察到我的覺察或我在覺察，我的永恆完美喜樂滋味消失了。直到我再次啟動靈體的覺察，永恆完美喜樂又回來了——是否有那麼一天，除了睡覺外其餘時間我的靈體覺察功能都啟動著，我的開悟見性人生持續進化中……

人類活了一生，竟不知道人性最深處的苦是靈性缺少症和創造力不足。創造力不足，人無法滿足動物性存活需求和創造社會化的成就價值；靈魂功能沒能啟動，人就無法停止苦因和苦受，這樣的人當然快樂不起來。

人體的動物性存活需求、社會性的成就價值、靈體功能真實啟動活用，三者皆不能斷捨離，反而要三足鼎立！能活出三足鼎立的人——才會極大化生活的幸福時刻。

動物性本能：是人體的生存機能。
社會性功能：是群體共生共好的結構機制。
靈性：是人類的靈體功能。
活了一生的人類根本不知道自己的人體裡有個靈體可以啟動，所有的感嘆和疑惑，皆因靈魂高強度的覺察力和理解力不起作用而無病呻吟。

生命洞見

啟動靈體

聖奧古斯丁說：我遲至今日才知道愛「祢」，看啊：祢在我裡面，我卻在外面找祢。
我用「祢」這個字來代表人體裡的「靈體」，下筆寫這段話的我已經愛「祢」十多年了——我會愛「祢＝靈體＝神性」到永恆！
生命沒有用靈體六大功能活著，單身生活就孤寂，有伴侶者很大可能吵鬧不休——智慧開竅太少的頭腦就想這樣活、只能這樣活，你能怎樣？又想怎樣？

靈體啟動，比欲望的滿足還要快樂的永恆喜樂會立即浮現，這就是靈體之妙。人若能啟動自己的靈體，情慾能量會漸漸被昇華成靈性能量，此時性根本不是人生的問題——靈魂相對清醒的人會對唯一的伴忠誠，所以不會禁慾和縱慾，自然有無皆好。

人性有一個「相反法則」：當人們立下目標，結果卻往相反方向發展。當一個人刻意用戒律禁慾教條來束縛本性需求時，頭腦竟會搞出一個金錢和權力至上的組織，很多人為此有了性變態、病態行為——屢見不鮮，願你是例外。

別推廣外國譚崔的性愛雙修這種動物性能量的修行戲碼，危險啊！一旦性能量變成脫韁野馬，人很可能變成多情郎、豪放女——別亂玩古老的修行戲碼，現代人要覺醒開悟就要讓它翻頁翻篇。走向對人性真相開竅和生命素質持續優化、揚升的中道吧，別走動物頻道，會回不了頭——開悟警語！

人體的理智和情感必須得到眾多開悟者智慧的啟蒙，靈魂覺醒最有機會發生。**情感和理智愈活愈正向的人，這人長期活在終身開竅之中，準到不像話！**——說到底、走到底，這條終身開竅的路才是從古至今最好的開悟道路。

靈體功能不會執著任何男女感情、任何宗教論述、任何教主、他人——有此執迷之人，用的是動物腦、社會腦，不是靈性腦。有此執迷的人都在向外找「祢＝神性」，卻不知道那個「祢」在自己裡面：靈體。

「你伸手往空中抓一把，抓到的是什麼？」任誰都抓不到任何東西——神奇的是：靈體就是覺察得到！

只有靈體能活在純粹高度的警覺中，所以才能覺察到從空中抓一把的「空無」。頭腦無法活在純粹高度的警覺中，不信你去試試看能活出幾秒鐘？

你現在就伸手往空中抓一把，看看你抓到了什麼？你什麼都抓不著，它卻永遠存在，這就是靈體能感覺到的宇宙空性本質狀態。頭腦不懂這段話，只有會使用靈體的人，才能用覺性功能嚐到空性滋味！用頭腦的人，就是只會不懂裝懂又硬要辯！

無數人來地球活過，卻連自己的靈體功能都不會使用。這被開悟者比喻多如牛毛，頭腦盲目多到無法數。長期志於學，熱愛多方開竅領悟，終能靈魂覺醒，真的開悟見性，稀有之花開了，這被比喻成牛之角，頂多一或二根。你會閱讀這本書，得牛角者很可能是你！

宇宙是個浩瀚的虛空，掛滿無數星球，每顆星球都安住在那虛空之中又彼此牽引。

虛空，就是宇宙的源頭，本來就是人類永恆的歸宿。當靈體在虛空中覺察時，那狀態就是永恆喜樂滋味和神的國度——現在的我已不用想像和寄託來世期望，宇宙源頭和我的靈體會共同決定，我只要負責啟動靈體覺察功能就好！

人最大的問題是自己的動物性欲望，需要抓取客體來滿足，所以它無法安住在虛空或空虛裡。社會性需求更需要有人相伴，有感官可娛樂、有目標成就和名利可追尋，它也不可能安住在虛空裡，這就是為什麼人類喜歡用工作和活動充填時間的理由：逃避虛空或空無感。無法面對時間帶來空虛感的人，心神會慌亂，莫名空虛感和無聊襲擊而來，頭腦小我恐怖至極，必須儘快抓住浮木求生：追劇、約人、玩樂、上網、打電動等等。頭腦嚇壞了，從此不敢再獨處面對虛空！

靈魂的本質是靜默喜樂，所以祂能安住在虛空裡怡然自得。靈魂不論人有無工作、有無活動、有無娛樂、有沒有人相伴，都能感到平安喜樂——這就是靈魂功能在行使人體主人的工作，頭腦被駕馭住了！靈魂更會驅使頭腦的美好功能去活出自己生命成就價值，綻放自己的光。靈魂驅動的人生不會宣揚歲月靜好和放掉社會成就這種靈性騙局的說詞。

活靈活現，就是人活出最像神的樣貌：「活」出「靈」魂、「活」在「現」在。哇，這句中文成語——高超的生命智慧！

面對動物的命運，宇宙用生和滅來安排。人類想解脱宇宙對動物命運的束縛，就只有與宇宙源頭能量合一這條路：靈體必須活靈活現地活出來。你開竅了嗎？

人以動物的樣態誕生在地球，弱肉強食、獵奪、互咬、戰爭、情慾的滿足是動物永恆不變的態勢。這就是為什麼理想國和烏托邦和世界和平、永遠過著幸福快樂的日子不會出現在人類真實的世界。人類的世界因為人性中的動物性和社會性，活生生血淋淋地上演動物叢林追逐獵物戲碼，世界和社會就是各憑本事、弱肉強食的競技場！在這裡誰能安身立命又心安自在？用靈體功能活著就能，靈體沒有啟動上場，只靠頭腦，誰都別想。

動物性的本質是侵略性太強，社會性的本質是私欲太重，所以知人知面不知心、防人之心不可無，道理在此。

靈性智慧發展不足或過低的人，會扭曲人體動物性慾望和社會性欲求的能量，做出如野獸、禽獸般的作為，下面正是人的動物性和社會性發展扭曲的特徵：

- **鸚鵡**：人云亦云傳播、過時、扭曲的訊息，以為自己接觸的都是真理，不知自己的論述離真相非常遠。

● **蟲**：搬弄是非、出口傷人、道人長短、心裡會發癢想說話、喜歡搶話、爭到自己贏、常講消極和否定語、無法保守祕密。

● **羊**：盲從權威、被沒有開悟之人的言語催眠，跟著別人或一大群人盲目過活。羊會崇拜偶像、歸屬某種組織，以偏概全，想法偏誤，還會拉人一起活在迷失之中，會指責沒跟他一起盲從的人，荒謬呀！

● **蛇**：壞心機、壞心眼、壞脾氣、壞個性、壞習慣、壞嗜好，用壞行為咬人，互傷、傷己。人的生命素質靈性不足，野性噴發！

● **潑猴**：不受靈魂掌控的頭腦，想法一天好幾萬個，想不停、變不停、鬧不停、吵不停。

鸚鵡、蟲、羊和蛇，就是人頭腦功能使用不當的潑猴活出的樣態，這些特性會發生在自己和人們身上，全是因為人無能高度覺察與警覺到這些迷妄特性烙印在自己身上。生命素質沒有靈性化的揚升，人的性格就會跑出鸚鵡、蟲、羊和蛇的性格，這是頭腦神智相對不清醒養成的後天習性——想法似潑猴，束縛人一生。

當人開始覺察到自己身上有這些低等的動物性特徵，他的神智已經開始開竅清醒，持續開竅開悟，**人就能用靈體功能解鎖頭腦惡意程式**，蛻變出一個被自己和他人喜歡的新自己——從動物人蛻變成有神味的靈性人。

請面對事實：所有的儀式、法會、誦經、念咒、念佛、貼符、風水、星座、命理，不會讓人擺脫人性低等的動物性特徵，開竅到開悟的人，才能用靈體功能駕馭頭腦潑猴想法，讓動物性低等特徵極小化或消失。

並不是每個人的天命都是覺醒開悟啟動靈魂功能：這是宇宙自然法則的安排。

從現在到未來，所有人都帶著宇宙特有目的誕生在地球，去看看自己和父母和孩子和其他人的角色，你就明瞭這個「宇宙真相」。直到活到明瞭上天誕生自己的目的，才能領會孔子五十知天命的意思。

我喜歡綻放靈魂功能來完成自己人生的使命和達成特有目的，這樣的安排——我喜歡！

在一次演講中，一位有宗教信仰的八十歲長者問我：「有某政府高舉無神論在治理國家，我想聽你對無神論的看法。」

我用靈魂洞見的角度回答他：「無神論，本身就是科學，它不會讓廣大人民陷於盲從和迷信之中，造成家庭和社會問題。高舉宗教自由的人，根本想不到這智慧點，信仰愈執深的人，愈想傳教於人，真正開悟之人不會傳教。」語畢，人人點頭靜默。

又一件社會怪事：自己都無開悟見性的智慧，為何要傳教於人？

注意！我又要揭開一個生命真相：會以「音聲」求天求神拜佛，以「色相」面見神、佛，皆是人性中動物性存活需求和社會功名富貴欲求會做的事，所以，人類相信無形力量目的都是渴望欲望和需求的滿足——人類或多或少都會做這樣的事，自然也正常！在相信無形力量之前，我希望你對磁吸效應的智慧先開竅，請參閱第十一章。

但，用音聲、色相求拜神佛做這樣的事根本不能見「如來」，甚至是種歪見邪見——這是金剛經內文的意思。我來把它真相大白：「如來」這兩個字指的是「如是本來」，是宇宙源頭之意，也就是靈體功能高強度的覺察在作用時，人覺察到宇宙源頭無形能量，這叫基督自性、本來面目、與天父原為一，這些全部皆可稱做「如來」。唯有終身開竅啟動靈體功能的人，才能真見如來——對人體這樣設計和生命這樣發生，我大叫：有趣、太有趣了。

相信有名稱的神或佛，那相信的力量和威力是能際遇到美好建議而採行。有人得到安好心理，或自認功名富貴來自於自己相信的無形力量，卻有更多人愚痴沉淪在自己的相信中。

有神論和無神論，你自己的頭腦、感覺和際遇會有答案——透過自己的創造和與他人際遇，能一起際遇美好，人會感恩那結果，這就是那「無形力量：神」的答案——對我來說最棒的神，是自己靈體功能的使用。

生命真相是：啟動靈體，靈體會知道什麼對人體、人生和生活有益。不是禁慾戒律、不是宗教信仰的有無、不是修行或禪修——對此事實開悟的人才會開竅！

人要活好這一生，不是去消滅或壓抑自己動物性的本能慾望、欲求，不是去捨棄社會化的功名富貴，而是要去啟動人體最高主宰：靈魂中樞裡的覺性意識。能同時品嚐動物性本能自然需求之美、社會性名利成就創造之樂、活看聽不受念頭干擾的覺性意識——人生之美，才真正開始！

會時常生好心、動好念、做好事、說好話、敬與愛身邊人，就是高度使用人體靈性能量的人，這是一個人、一個家幸福的前提——你幸福嗎？真真實實在生活中做到的人會幸福感爆滿。

頭腦根本不知道自己被什麼蒙蔽。

答案是：被自己的思想蒙蔽。

這一題靈體會答對而頭腦永遠不知道且對自己的思想沒輒。

靈性智慧含量很低的思想，人就會變成張牙舞爪的動物。我目睹周遭有人從小被父母過分過度體罰教養，長大連婚禮都不願讓父母參與。有人在伴侶離開地球時，懺悔竟是最後的道別語——靈性智慧不足的動物人，就會這樣活、這樣演！

孩子，是上天給的珍貴禮物——好好賞識孩子。

伴侶，是相互感謝的兩個人——好好謝謝伴侶。

這會加大你的幸福力道——神賜恩典！

在生活中沒有安排學習上進的時間——人必定過著隨波逐流如流浪漢的人生。學習時領悟力和理解力沒有大大開竅——原地打轉的機器人，哪裡也到不了。

動物性：會讓人一味追逐快樂，福禍相倚、苦樂相隨是它不變的宿命。在動物性的本能欲望中，縱慾和濫情是人生幸福快樂的殺手；節制和適可而止，是人永保美滿安康的守則。

社會性：看重的是活出高價值與成就感。社會性功名富貴，取之「以善以德以能」，是人永保幸運和福氣的法則。

沒能用靈魂功能來駕馭頭腦的話，頭腦就只會樂於和苦於動物性需求和社會性欲求——對其鐘擺一生。

人在動物性需求和社會性欲求沒能創造適當滿足或強烈不滿之下，若一味接觸和傳播無真實體驗的靈性開悟之教法，生活極大可能會變調、人體很可能會變態、人生觀會消極、嚴重的會失去謀生技能，迷信迷妄一生，值得慎思——人生切勿在成功致富與開悟喜樂中，只選一項投入，這是我對所有人類深深的呼喚！

人體生活需求和社會名利的正當滿足，是讓人站穩人生之路的地基石，年輕時的學習就要有此正確心態。別用修行斷送自己的創造力、創作力和社會成就感——很多無知教徒和靈修人士，漠視它對人的重要性。

年輕時為活出創造力、創作力、創意和活出生命高價值的成就感而終身多方學習的人，對靈魂覺醒：品嚐開悟見性滋味——大大加分！

當人愈活愈老，靈魂功能就成為他唯一的依靠。

當人愈早啟動靈魂功能，就愈早擁有光明人生的燈塔。

靈體是每個女人、男人、老人——自己救自己唯一的救世主。

當靈魂用智慧洞見起情感、動念頭時，就是愛生起之時。這是人間有愛的場景：你的愛在愛人、宇宙和別人的愛在愛你。活著就快樂、活著就感恩——你靈魂清醒綻放愛了！

靈體功能本身就是人生永遠的樂子。

頭腦想要的樂子：會變調、會消失、會乏味。

動物性的生存，絕對需要金錢和物質。

社會性的共好，需要你給出價值，交換彼此所需。

靈性之愛和智慧洞見，才能駕馭好人的動物性和社會性需求。**靈體，是人體唯一不會被情慾和名利給束縛綑綁的構造**。當人性欠缺了靈體作用，世上已經沒有任何的樂子可以滿足人體和頭腦的欲求——真的沒有。去環遊世界、去吃遍天下美食，甚至得到最高權力，人體還是苦樂苦啊、思想還是胡思亂想，惱人呀。

> 當你的動物性：傷人刺、不好的個性、嗜好消失；社會性勢利眼、虛榮心不見；思想正向、心動機良善、對人有敬意、人體充滿高頻能量、敢做自己想要做的事——你的靈性綻放了。

人生無用無聊，正是人體存活需求沒有圓滿、正是與人關係和諧和名聲金錢的滿足沒有圓滿、更重要的是沒能啟動靈體功能、活著就快樂的超強功能——人性沒有三足鼎立發展圓滿，缺了就痛、就苦，缺了就滿是疑惑、悔恨、嘆人生好難。

人性啊人性，多少人因不瞭解你而痛苦萬分。

人性啊人性，多少人因無法圓滿你而傷害自己和他人。

人性啊人性，多少人因不知道自己的人體裡有靈體，無能啟動靈體而淚流不止。

我從不惑之年到現在，總以靈體功能啟動為中心、為核心、為重心來過生活。當欲求和需求得到適度滿足，人又能無所求、無所念的活著，這麼美的人生之路——是人生唯一出路！

我結婚、養育孩子，也在職場商場經驗人生，因為熱愛對人性真相一直開竅的感覺，讓我把我人體裡的靈魂喚醒，幸運的讓覺性意識極致綻放，嚐到數千年來東西方人口中的開悟見性和神性、佛性的滋味！如果你以為要單身、要禁慾、要棄俗出家才能開悟見性品嚐神性、佛性滋味，我希望你別再這樣想了，現在就要打破這樣的迷思和認知。

結婚、育兒、單身、單親、家庭主婦、主夫、受僱上班、自己做事業、棄俗、出家、孤老，全部只是一種生活方式的選擇和際遇。無關乎誰較能幸福？誰較能覺醒開悟？真相是：任何人都可能；女和男都能在現在啟動靈體。東方人、西方人都一樣！有時人生經驗歷練愈豐富多元，從中萃取的智慧精華反而養分愈多，不管你選擇的是哪一種生活方式？我都會獻上祝福！

愛情誠可貴——開悟價更高。

金錢真可貴——靈體價更高。

單身自由、兩人愛情、金錢富裕、開悟見性，任何人都可開竅讓自己擁有——是我這本書的靈魂大洞見！去多方開竅領悟，在愛情中活出靈性之愛、在生活中活出豐盛富有之態、在生命中活出靈魂洞見與靈體純粹覺察之姿——你圓滿了人性、滿意了人生。

開竅吧！

不可思議的美好，在等你。

警醒：身體是你的神殿，內含靈體功能，請用終身開竅的知識、智慧和美善興趣來善待身體、來愛自己的人生。別情執寵物、別嗜好菸賭毒酒、別尋花問柳、別用過度社交來對待身體找快樂，你的心思言行和人體能量都消耗和浪費在此，你就會找不到在你裡面的「祢」。祢的靈體——是你的神啊！

人們沉醉在惡習中的樂趣跟我熱愛閱讀、聽講卓越的快樂是一樣的，差異處是惡習滿足感官快感，我滿足了精神靈魂，人生結局大大不同！人到頭來最大的差異是有無自主地使用靈體功能？——有，歡天喜地！

9

別浪費痛苦，去利用痛苦——人生的珍珠藏在痛苦裡

在快樂的學習中、在痛苦的感受中開竅——靈魂喜樂開機！

經驗裡，總有價值——開竅的人會去活出價值、交換價值。痛苦裡，總有原因——開竅的人會去找到原因、停息痛苦。在受苦時，我會用學習的心，對痛苦的原因開竅，找到那原因，移除它、超越它！

不是逃避痛苦、不是白白受苦，是去**利用痛苦**。找到痛苦的問題與原因，自己超越它們，停息痛苦——這痛苦的價值，超級高！在學習中開竅進步，壯大自己的能力和知識，創造成功與幸福。在痛苦中開竅進步，淬鍊自己的智慧與洞見，轉化和消除痛苦。

再怎麼偉大出世的真理、教法，都需要被放到生活中、工作中、關係中檢驗它的幸福效度。

回顧我人生進步的歷程，我找到兩個關鍵做法，讓我啟動靈魂功能，用靈魂洞見寫出這本書。一是：我很早就有顆跟呼吸一起跳動的學習心，婚前婚後持續歡喜跳動。我透過閱讀、聽講卓越、敢去挑戰新目標新角色新事物，找到生活的重心，在這裡享受生命成長最大的樂趣，我是個利用快樂學習，來壯大自己能力、實力和提升生命素質的人。

另一個是：我利用痛苦的情境與感受，來開竅、成長、進步，在痛苦中，我仍用學習的心找到讓我痛苦的原因，我找到的原因主要是當下處境和現況、我自己的盲點、自己和他人的人性。在痛苦中，我還是用學習的心態在面對，我渴望尋找問題的成因與解決方法，我閱讀人性、反思自己、面對現實，這讓我愈來愈能看穿自己、人生和人性的真相——慢慢極小化痛苦出現的情況！

面對痛苦時，比起用隱忍、生氣、發洩、記恨、報仇的方式，我用了一個讓人智慧大大開竅的方式：正向面對痛苦，利用痛苦的發生，來超越自己當下的認知層次。

面對人生問題所造成的痛苦，大都是：

- 自己現在的思想層次無法處理好問題。
- 把不是問題的問題弄成問題——人們對話開始，奇怪了，說著說著就變成問題了。
- 無能或不敢改變現狀。
- 沒能好好利用學習和利用痛苦來成長自己的能力和智慧。
- 看不見是自己的生命素質與他人的生命素質在衝突。
- 對自己和身邊人的人性需求沒能用錢、用靈魂功能予以圓滿處理。

正是這些原因在造成人的痛苦——你的痛苦是哪一個？

正向面對痛苦、善於利用痛苦、在痛苦中學習和開竅：找到苦因，消滅苦因。這樣應對痛苦、面對痛苦，痛苦，就是人覺醒開悟那黎明前的黑夜。

同樣的苦，一次二次就好，別老是受同樣原因的苦。智慧，就是原先會讓你痛苦的原因，你已開竅讓它消失，你能讓不必要的痛苦大大減少，在眾多痛苦中開竅出智慧的你，過的日子就會：苦短、常樂常甘甜。沒能使用靈體功能的人，總會自我沈溺在痛苦的負面想像裡，愈想愈糟苦愈久，人的心理問題大都出自此處。

靈體會要頭腦立即停損、跳出並中止那想法、換個好想法，解脫那痛苦。若頭腦不受控於靈體，盲目無知的頭腦，各個都在等和創造下一個苦因、苦念、苦受——痛苦的來源：苦因、苦念。

- 負向想法、恐慌思維和恐怖想像。**開竅：這些想法可能是錯的，別信，去練習相信美好想法。**
- 想人想事、對人對事，常生怒怨情緒。**開竅：回到自己心中，讓平靜愉悅成為感受的天性，一次次的回到心中來。**
- 難過的處境與遭遇。**開竅：難過會平息、把現況變好。**
- 遇到心理、精神會霸凌和情勒自己的身邊人。**開竅：壯大自己的能力財力、自敬敬人、大智若愚、保持距離。**
- 快樂的條件沒有滿足。**開竅：擁有美善的興趣，用創造力營造渴望的幸福。**

- 任人擺佈無法做真實快樂的自己。開竅：勇敢地做自己、走自己最好的路——把學習心和自信優勢帶在身上。
- 腦海裡的潛意識和價值信念竟是自己的緊箍咒，負向心態和討人厭性格偏多。開竅：大量接觸正向勵志、光明希望，心有美好共鳴的訊息和畫面。
- 個性、習性、嗜好、缺點本身就對自己和身邊人傷害很大。開竅：生命素質揚升，自己的磁場就是帶旺自己和身邊人幸福的能量場。

當人常常陷溺在這些苦因苦念中痛苦時，首先不要否認和論辯它們的真實性、不是要去否定當事人的痛苦感受，而是要找到自己真正的苦因，是否出自於自己想法跟現實不符。

常常學習開竅的人，才不會常常被同樣的思想、同樣的事、同樣的人給絆倒，不會常常吸引品性不佳的人來到生命裡，再嘆：善良被人欺！轉化和中止痛苦的認知與做法：

- 負面想像漩渦會自行消退，請耐心等候。
- 把一切劇情交給上天安排，人就能立即轉化痛苦。
- 利用學習和利用痛苦，從中淬鍊出大能力和大智慧，讓苦因和痛苦感受出現的次數和時間愈來愈少，讓正向思考、愉悅心情、感恩心態出現的頻率和時間愈來愈多。

●我們在痛苦感受中保持學習的最高目的，是找到苦因並讓苦因消失。從人性真相中找到自己和身邊人痛苦的原因。從生命素質中去找，再從動物性、社會性和靈性缺失去找，頭腦會愈來愈清明，靈魂會愈來愈清醒。苦因，不再是苦因，人已不再對這個「因」感到痛苦——利用痛苦，找到苦因、斬斷痛苦，收穫幸福！

若痛苦來自對人性開竅太少、生命素質未優化揚升、不能活用知識和智慧，痛苦會一直來來去去，這不是對錯的問題，是人本身的「根」出了問題。解方如下：用快樂學習壯大自己能力、實力、財力、提升生命素質和理智、情感的高度。用痛苦的情境與感受開竅、成長、進步，找到讓自己痛苦的苦因和苦念，轉化它、中止它。

有位友人平時很喜歡閱讀心靈勵志的書或上課，當他面對痛苦和不如所願的事件襲擊時，身陷痛苦走不出來，竟大罵那些心靈勵志之書或課程無用。這友人失去「利用痛苦」檢視自己對人性瞭解的程度和自己生命素質的優劣」的機會，這大好的機會，是上天的美意啊！

痛苦最大價值：利用痛苦壯大自己，成為一個樂觀上進、幽默風趣、有能力又有獨特智慧洞見的人。

痛苦最高目的：在痛苦中學習、開竅讓思想層次和正向情感無止境的進步與揚升，啟動人體裡永恆喜悅的靈體。

我之所以能嚐到開悟見性的滋味！正是樂在學習讓我智慧開竅。正是正向面對痛苦讓我不被人生現實擊倒，反而惕勵前進，洞悉人性真相。痛苦的價值，是要讓人不再受同樣的痛苦。誰能經歷痛苦而長智慧，減少痛苦的發作——此人就是愈活愈長進，頭腦愈發清明的人！

從痛苦的養分中，開出幸福的果實！

人體的靈魂是透過學習、痛苦、開竅的慧根和際遇覺醒開來，這正是浴火鳳凰真實的智慧象徵。「鳳凰」就是人的靈魂本體，祂平靜喜悅神采煥發，呈現出無可比擬的祥瑞之美。

人要如何浴火出鳳凰？要如何啟動人體的靈體？在學習、痛苦、慧根和際遇中大大開竅——就是那把喚醒靈體的「火」！

愈活愈開竅的頭腦：睜開眼就一直替自己或別人製造快樂喜悅。

知識和智慧開竅太少的頭腦：總不嫌苦多，睜開眼就一直替自己或別人製造痛苦。

頭腦對利用痛苦轉化成教訓和昇華出智慧，並不熱衷也不擅長。頭腦喜歡掌控別人、向別人找碴、把錯歸咎於他人、對人遷怒生氣、為難別人、找樂子滿足人體欲望。樂子很快就結束，樂子常常找不到，頭腦不是一直找樂子，就是一直為自己和他人製造痛苦，長大後的男女，大都是這副模樣。

男女如何轉化痛苦？

痛苦，是認同自己的苦念或認同別人說法在作怪：

- 對別人的說法採取保留態度，不要太快認同。
- 對造成自己不好感受的想法，快去換一個好想法。
- 舉凡造成你痛苦、恐懼、緊張、害怕和壓力爆表的想法，很可能是錯的。舉凡能讓你從中學習充滿自信和希望的想法，往往是好的。
- 對願望和事情的不可知，交給天和神來安排。
- 根本之道：用靈體讓頭腦生好念頭或不生念頭。
- 美好自己的現況：有錢，就有安全感；有成就感，就有快樂。

跟著這樣做，痛苦就緩解了、轉化了。

男女並不需要「選擇」痛苦。

苦念和想像恐懼情節，是頭腦最拿手的製造功能。

讓苦念和任何想像不在此刻生起，是靈魂最簡易的操作功能。只有靈魂可以選擇不要痛苦、只要喜樂。去選擇好念、好語、去想像好願成真的美好，再去警覺念頭，不讓頭腦生起任何意見、觀點、看法、評判、論斷，你就可以跟痛苦說拜拜。

當我十分警覺的注意念頭，頭腦竟連一個想法也沒有，此時我的心竟然祥和無比，初嚐這靈魂滋味的我，「啊哈！啊哈！」的不斷驚呼！

生命洞見

靈體的構造

老婆的善良、氣質、好脾氣、笑臉迎人和辦事能力，是我喜歡她、選擇她牽手一生的理由。但這只是說明在面對情愛，年輕的我還是多了些理智和智慧——這跟我年少樂讀好書應有關係。其中，老婆的好脾氣更是我的首選，因為大大減少生活摩擦機率——說當時我是情人眼裡出西施也行，畢竟，審美觀人人不同。

很多陌生人看見老婆，第一印象都說她很有福氣、氣質出眾，總覺得老婆是有才之人。老婆寫得一手好字，繪畫天賦更是了得。老婆跟他們說自己是個家庭主婦，老公不讓我上班，人們總是不相信這說法。等待時機，一起做自己事業的老闆，是我的想望，但這一等竟等了好多年，才開啟我們的事業模式。

老婆的特質和電腦會計事業，對我的事業幫助很大——人由內而外散發出的能量，真的可以被真實地感受到，啟動靈體的人思考和看法就是正向：你看，我只看老婆優點和書寫正向話語。

／-ǫ-／-ǫ-／-ǫ-／-ǫ-／-ǫ-／

單身時，人大都只考量到自己小我的需求。結婚後，人就多出了另一半的小我。結婚就是要面對、要關注兩個小我甚至更多身邊人小我的想法、需求、個性和喜好。磨合，就是兩個小我從碰撞、衝突、爭吵中漸漸開竅和諧融合。

婚後的我，重心都用在商管知識和生命素質與智慧的揚升，沒把心思用在讓工作方式變成事業模式。無論我如何幽默風趣、多麼會創造歡樂，無法滿足家人當下需求和給未來安全感，每個人的小我真的會吃足身心之苦，老婆也一樣。

我一邊吸取知識、一邊教導他人、為他人的企業貢獻所學、一邊昇華智慧轉化痛苦，意想不到的是，有件做夢都想不到的奇蹟竟然發生在我身上：**我啟動了自己人體比頭腦更高的靈魂構造功能，也就是我可以在看、在聽時不會生起思想和情緒，同時有了自己看穿**

生命真相的真知洞見。我根本不知道人類有這樣的本事，人體有這樣的構造：靈體——我常哇哇哇的驚呼不已！

這令我驚喜不已的發生，雖然讓我綻放覺性意識悟出大智慧，卻也讓我大大開竅上了一課：人不能自我欺騙和催眠自己，用自我成長或沈浸在靈性修行中來窮苦自己、家人和逃避人生種種考驗。**再怎麼偉大出世的真理、教法，都需要被放到生活中、工作中、關係中檢驗它的幸福效度**。人生絕對可以福慧雙有，用愛和智慧悅納名利。別去歌頌匱乏貧乏的修行生活，別再鼓吹淡泊名利的自我情操——他們都是創造力和智慧沒有開竅的人！

啟動靈體構造，你的「靈魂」會給你：人生最好用的「解」，真正的好玩此時才會上場！

我滿意靈體給我的人生解方，比起頭腦的答案和做法，「靈體使用人體：我終極滿意」——人生幸福根本解：靈體功能大勝頭腦！

人的生命來自上天，去跟自己源頭祈願是一個安好心理和實現渴望的好做法之一。我要成功、我幸福、富有、要開竅覺醒啟動靈魂功能悟出大智慧，這絕對是可以發生在自己身上的人生經歷，別用靈性修行逃避人生，搞到自己精神和物質內外都貧乏。

閒聊中我跟老婆說：如果妳沒選擇我，妳有可能單身一生，也可能幸運嫁入豪門，但妳很大可能不會開竅覺醒！生活只充填著名利和他人事物，不曾對自己的心和頭腦、情感和思想走上探尋昇華之路，不對自己的內在之心之思，好好工作一番，誰也別想智慧開竅啟動靈體。大富人家、純樸人家，只要對自己之心之思好好精進個十年、二十年——開悟人家就是你。

人們都是頭腦我念和人體欲望的傀儡，由不得他自己作主——需看清人性真相，才能避開雷區！走入婚姻的女人，面對新環境和不同個性的全新親人，挑戰才剛開始！我很慶幸我的家人都是善良純樸的鄉下人，但再怎麼善良純樸，大家都有各自的個性和價值觀。老婆在婚姻磨合的過程中，心有任何不悅，從不回應不好話語也不回懟。這點實在了不起，也再次證明：不表達負面和粗暴的情緒話語，這功夫真的會揚升出大智慧或大福氣。

當我在人際關係中感到痛苦時，我明瞭那些都是人性自我搞的鬼，被「我念」操弄不停的人，刺傷人是必然的劇情，對此我曾分享人們去對著痛苦說：好玩。這不是受虐性格，這是我對人性透澈了悟後的反應，大部分人都是自己生命素質的傀儡，由不得他自己作主——你需要看清人性，才能避開雷區！

對痛苦說：「好玩。」就是我看見人人都被自己的動物性需求，和社會性欲求以及生命素質沒有優化揚升，對人性之學開竅太少，靈魂不夠清醒，造成人們自己或相互在我執的對錯中痛苦，說不清誰對誰錯？只好對痛苦說：「好玩。」這是靈魂覺醒的前兆！等到靈體功能啟動，你不用再對痛苦說好玩了——人生真正的好玩上場了。

從痛苦中開竅出智慧，不是在痛苦中隱忍、發洩、記恨、報仇！

別浪費痛苦！它藏著讓你開竅的智慧養分，而那智慧就是要讓你喚醒靈魂，讓苦受消失——痛苦的美麗價值，在此！

隱忍和發洩，從來不是我面對痛苦所推崇的方式，我喜歡轉化痛苦的智慧與做法，隱忍壓抑會影響健康，發洩容易遷怒他人傷了和氣，或者造成他人身心創傷。不管是隱忍或發洩，那忿恨和仇怨的能量依然存在於人體裡，不會憑空消失，這股容易生氣發怒的能量和思想見解，沒有被轉化、昇華成愛和智慧，人與人的幸福必將被這股能量給消耗殆盡。智慧高高之人，擅於避開和轉移會引發痛苦的話題和事情！

很多人總是愛好停在動物性的激情裡、總為錢財奔波擔憂、總有甩不掉的壞脾氣、個性和嗜好，一生找不到自己為何痛苦一生的答案。

人類不管有無伴侶？有多少錢？人最美和最終的幸福就在「自己的靈體」現在是否覺醒啟動，不會在他人、他處、他事上頭。

人沒有練就轉化痛苦和創造快樂的本事，就會用自己的痛苦和他人一再糾纏——痛苦會糾纏全是自己不自知的胡思亂想、胡言亂語。

我從不後悔走入婚姻，也不願在過往的經驗中怨聲載道。**經驗，是人真實走過的人生，無價也無可取代——我從各種經驗中淬鍊出茁壯養分！**人無論選擇什麼樣的人生？走什麼樣的路，不管怎麼選，痛苦，都是頭腦思想經常烹煮的家常便飯。只要快樂，不要痛苦，用頭腦的人不會有這樣的人生！

頭腦，不可能二十四小時都快樂的活著，需要找樂子，但永遠是短暫又很快會失去新鮮感，當短暫的快感消失，那痛苦就緊接而來，隨著得不到欲求、永不滿足和胡思亂想、恐懼擔憂、緊張的想法莫名生起而痛苦，用頭腦活一生的人，個個都是如此循環過一生。

我要你現在就在痛苦的浴火中開竅、就在快樂的學習中領悟，感受和體驗自己一直在多方進步的快樂感覺，開始極大化人生幸福的時光！

改變自己最簡單的捷徑與最難的一步：

負向想法、負面情緒、不好個性、壞習性、不良嗜好……這些源頭全來自儲藏在頭腦裡的記憶信念和潛意識。想要轉好它們和脫落它們，就從快樂學習和對人性之美終身開竅，揚升和美善自己的信念和潛意識，改變和轉好自己最容易的做法在此、最難也在此。

「自我思維」死去，「真我無念」誕生的發生，被開悟的人稱做復活與重生——這是西方經文中「復活」的意思。靈體在人誕生時，無法自行使用祂的功能，靈體彷彿不在人體裡，當你開竅到開悟啟動了靈體功能，你讓靈魂活起來了，復活意思便在此，這是永恆的復活，我的靈體洞見又讓真相大白了！

記住：千萬不能白白受苦，而應該要利用痛苦找到原因，從自身滅除痛苦的問題與成因——「靈體鳳凰」才能誕生、飛出。

我靈魂覺醒的方程式！

利用快樂與痛苦滋味的生活體驗，持續學習、開竅、開悟出智慧養分，頭腦思想層次一直超越自己，情感一直感受這種超越自我的美好——我就這樣啟動自己的靈體，活出自己的天。

利用痛苦找到苦因：止息痛苦。利用學習樂在開竅：創造快樂。

在快樂和痛苦裡，人都要從中得到正向回饋價值——人的能力和創造力是這樣來的，智慧洞見更是這樣來的，持續壯大自己的生命價值，優美生命素質是這樣發生的——靈體功能是這樣啟動的！

人要如何浴火出鳳凰？也就是要如何啟動自己的靈體功能？

樂在學習、利用痛苦、慧根開竅、際遇與運氣，四不可缺一！

大部分人的人生都沒能浴火出鳳凰，也就是大部分人都白白痛苦一生，你看到誰不是？我看到的大都是對痛苦盲目也麻木一生的人。生活中的痛苦、磨擦、衝擊，就是「火」。誰能在經驗中通過這把火的考驗，在火中焠鍊出：洞穿人生要能活得好的人性真相，「鳳凰」就是他。「鳳凰」就是對人生大小事，極大化開竅的人——豐收美麗果實，喜樂、喜事、喜慶、喜悅一直來。

「鳳凰」非梧桐樹不棲息、非醴泉水不飲，這更說明要浴火重生的人，觀念要通、竅門要懂、訣竅要會，必需要廣閱活用卓越實用知識、了悟眾多「神人」體悟的真理大道、自己在經驗歷練中浴火鳳凰。神人，是我比喻有真實開悟洞見的人，神人就只是人：啟動靈體功能的人。

生命如浴火鳳凰之人，必能將自己的人生經歷和生命體驗寫成一本本智慧之書，寫不出來就是沒有在經驗歷練中綻放出創造力，沒有從痛苦中開竅出大智慧，沒能結晶出自己的靈魂洞見。人生輝煌福滿溢，只給在痛苦中能多方開竅、在快樂中多方領悟——開啟靈魂功能的人。

啟動自己人體靈魂功能的老婆跟我說：人能喚醒內在真我，很可能都有一段吃足苦頭、淚水不止的過往，就看誰夠幸運、有慧根能利用痛苦和淚水來喚醒自己的靈魂——復活重生。

當自己的靈魂是自己永恆喜樂的伴侶，與天同慶、與神同樂、愛在永恆，一切皆值得——這是我跟老婆啟動靈魂構造：一致共同的心得。

經驗裡，總有價值；痛苦裡，總有原因。

開竅的人都會找到它！

在每一次的失敗或成功中再跨越，人會因為超越自己而屢創成就高峰。

在每一次的痛苦中開竅，找到自己真正痛苦的成因，轉化煩惱昇華出菩提靈體，人就會綻放出如神般的智慧光芒——轉化痛苦，是啟動靈魂構造的鑰匙之一！

在痛苦裡開竅，痛苦的訊號是在提醒你：該改變自己的思想、信念、感覺、環境、現況或者是要你去悅納已發生的事實。痛苦，是你人生的珍珠，它要你去找到現狀讓你痛苦的原因，中止它、接納它、改變它、超越它，這些原因大部分是你的小我也就是頭腦的想法和情緒造成的，找得到它你就能轉化痛苦。

生氣、發洩、隱忍和勇敢說出自己真實感受，是人面對痛苦採行的方式，它只能緩解痛苦，卻無法滅苦。唯有從人性中找到苦因轉化痛苦，最美的火鳳凰「靈魂」才會浴火重生甦醒綻放開來。

人，因能中止苦念、根除苦因而幸福閃耀！

在痛苦中你可以選擇哭泣或發洩，但哭過發洩過，不能船過水無痕，而是要看穿痛苦的成因和本質，有一種人體的痛苦是：物質和情感的需要，它需要被適度滿足、被充分理解。有一種多餘的痛苦，它常與事實不符或脫離現實：它是人的腦戲、心理劇、胡亂想像、生命素質不精進、互貼負面標籤和負向情緒言行、恐懼害怕的想法造成的壓力痛苦，它需要被覺察到、被靈魂有意識的中止。

從痛苦的成因中，開竅出智慧，智慧的妙用就是：可以換另一種讓你愉悅的想法；可以不要有那樣的想法，這樣就會轉化痛苦。

我常去的一家餐館，經營者是位女老闆，年紀來到半百，她說：「怎麼辦？每到休息日人就開始發慌，感覺很恐怖，不知如何打發時間？」朋友推薦她電視劇，她也跟著追起劇來，一檔換一檔餵養自己的感官。

人性真相：靈魂清醒程度過低的人才會把生命能量花在追戲、追劇、追競賽上。靈魂愈活愈清醒的人，不會追會擾亂心平靜的人事物。我在靈魂清醒後，對追讓心情隨外在起伏的人事物，不感興趣了。

用追螢幕來暫時麻醉小我的生活，劇後的人生只會持續加壓和延續痛苦。小我只喜歡用娛樂自己來轉移痛苦，當娛樂時間結束或感到乏味，痛苦又將現身。小我不願面對痛苦是自己生命素質不高，靈魂相對不清醒造成的事實，因此無法轉化痛苦昇華出智慧。娛樂和嗜好淺嚐一下它的樂趣就好，著迷就是小我的沉淪。

把攝取人性真相知識以及真實領悟體驗心靈的真知當樂趣，用開竅的樂趣來轉化痛苦、止息痛苦——你是智者與覺者。吸收高等智慧和轉化痛苦，才是人要追的兩部生命大劇。

智慧開竅的人，不會只是熱衷餵養自己感官的快樂，而是喜歡在履歷中寫下更多精彩，在日子中精進更棒的自信優勢，在外在世界為自己創造多一點成就感，帶給他人多一點歡樂，在精神世界悟出大智慧，於內在空間啟動靈魂功能，就要這一味的快樂！

> 無法從痛苦中開竅出大智慧的人，只能在痛苦中持續、繼續、延續痛苦，內耗自己靈魂可以清醒的能量。無知的人內耗自己幸福希望的能量，盲目幼稚的人消耗身邊人的正能量——
>
> 在日子中開竅進步的人，生命的正能量會愈來愈旺、磁吸美好的磁場也會愈來愈強！

根據能量不滅定律，唯有能量轉化成其它形式，原本的能量才會消失，否則舊能量永遠蓄勢待發。人們常小題大作，為小事抓狂、情緒化和情緒勒索他人、在現況中不願面對事實、不當的腦戲聯想、話多是非、懦弱的犧牲、易怒又愛逞強、愛計較、攻擊報復不饒人、被迫害的妄想、無法創造渴望，因而落入持續循環的痛苦。

痛苦沒有被昇華出智慧，那能量就沒有成功轉化，依然蟄伏在人體裡，等候不當的念頭引蛇出洞，如此循環！

頭腦認知層次的無形能量沒有持續開竅揚升，那能量就無法啟動靈體功能。認知層次的無形能量——正是主宰心情和現狀那看不見的手，開竅，就是你的認知層次愈來愈高、愈廣，你要好命好運就從自己的認知層次下功夫揚升。

一再的痛苦，表示人的情感、理性和智慧沒有跟著一次次的痛苦等比提升。人「卡在」個性、習性、觀念、甚至人品都不佳的向度裡，無能從痛苦中找到那個讓人痛苦的「因」。

痛苦是讓人開竅出智慧的珍珠，當你的珍珠愈來愈多，表示你經歷過無數的痛苦轉化，你已淬鍊出極大化快樂和極小化痛苦的本事——讓這一次的痛苦到下一次的痛苦，間隔久久久，幸福快樂出現久久久！

不是這個結果，表示你浪費掉太多次可以從痛苦中開竅出智慧的機會，失去喚醒內在靈魂之光的可能。女人啊、男人啊，利用痛苦開竅出智慧吧——別在痛苦中，浪費珍貴的生命能量！

智慧，是鑽石。痛苦，是珍珠。持續提升智慧再不斷轉化痛苦，正是覺醒開悟最佳方法。

每個人都有自己的個性、習性和價值觀，這生命素質的差異，正是人與人埋下衝突的引爆點，加上對自己、對人性沒有充分瞭解，人很難站在對方立場，無法同理他人的行為反應，互踩地雷，徒增多餘的爭吵和痛苦。

人若能明瞭很多的痛苦，其實是各有立場、不同觀點、各有偏好和需求的差異，人卻硬要強迫他人順從己意，痛苦不會是單方感受，沒有人可以漠視自己的需要得不到滿足。

誰在一直反芻「自己的想法做法才是對」，誰在忽視利益關係人的需要，誰在任由頭腦聲音不斷播放持續跳針的雜念，誰就是自討苦吃，沒有大局觀、同理心。不會使用靈魂功能的人，最喜歡搞這一套，小我最會玩這一套，真我不會設套也不會掉入小我之套！

無數人，現在正在感受和承受著多餘的痛苦。

無數家庭，每天都在上演著各式各樣多餘的爭吵。

多餘，就是可以不用承受痛苦，不用爭吵。

人是共生的物種也是獨立的個體，任何人都需要被尊重，被待以敬意和善意，若無此前提，人與人生活愈緊密、互動愈頻繁，衝突磨擦就愈多。誰，都別想做自己。做自己就是愛自己，就是自己活著能持續開竅開悟：極大化自己人生幸福快樂的時光，活在這個時光裡才是！你真的有做自己、愛自己嗎？做自己、愛自己的人會同時愛身邊人——唯有靈體功能啟動，做自己和愛自己才會成真。

金錢，會幫你把人做好；智慧，會幫你轉好念頭；靈魂，會幫你中止痛苦。

金錢、個性、價值觀和生活習性，是造成人類痛苦的最大元凶。關於金錢，你需要去賺取，否則智慧再怎麼高，沒有錢，你很難把人做好，關係很難和諧。世俗中的智慧：

- 是人用錢、用禮物在做人，把人做好——討人歡喜。
- 是人用自己的人品、能力和願望——在際遇貴人。
- 是人在把人、把事做好——大展鴻圖。

這世俗就是真實——去做到它！

古老經文和現代靈修、禪修不會寫和教這樣讓人極大化幸福的做法，他們錯過了生活的真實動態，這真相我讓它大白，又有幾人能做到、能覺醒——我相信，你會！

面對痛苦我喜歡採用和推崇的方式：

- 面對他人帶來的痛苦，或許改變環境讓彼此保有獨立的生活空間，不用去擔心人們會怎麼想和反應，他們會習慣適應新生活，短暫的碰撞衝擊換來永久的和諧關係。
- 面對自己的痛苦，絕對要覺察到是自己用不當的念頭在對待自己和待人處事造成的結果。

● 面對現狀產生的痛苦，人一定要去改變現況，對不可抗拒的事實只能接納，保持希望期待或創造奇妙際遇，其它生起的多餘念頭，都是自作自受。

● 回到人性的真相上來洞穿它、面對它，不再隱忍、不需壓抑、不用發洩，至少不對人發洩。每個人的生命素質不同啊，一再因別人而痛苦，表示自己的生命素質沒有很高——提升自己生命素質，自己會喜歡自己，不會再受他人不必要的苦。

以上是我面對痛苦喜歡採用和推崇的方式！

當你對自己和他人生起不滿、怪罪、遷怒、怨恨的想法，請快速讓它流過，並快速用感恩的想法取代，你就能轉化一場即將生起的痛苦大戲。

自己生氣的和煩惱的，通常都不是別人引發的錯，大都是因為違逆內心的希望。**自己內心的希望大都是跟金錢、利益、面子、尊嚴和擔心別人怎麼看自己有關，真相往往不是自己給出的理由和提出的論點，那個論點只是裹著糖粉的外衣，不是事實的真相**，能看透事實的真相、能看穿自己找的藉口、能看破別人裹著糖粉的外衣，正是開竅之人的覺察智慧。

你會溝通嗎？勇敢的去溝通、去交流、去面對面說清楚講明白。知道自己的需求和目的同時重視他人需求，溝通就成功了一半！從頭到尾會從人性的需要和感受中，你來我往找到彼此的滿足點，你絕對是個溝通高手和轉化痛苦的高人。

跟你互動愈緊密的人，他的利益關係就愈重要，相愛容易相處難，那是因為人白白浪費彼此的痛苦，無法磨出不變的真愛和智慧。人與人的衝突總是藏在雙方對人事物的看法裡，那無形的看法很容易被刺激而反應，通常愛和智慧含量過低、我行我素克制不了、無法給對方舒服的心情感受、察覺不到人我認知的差異和需求的不同、改不了讓人討厭的個性和習性、一邊在理直氣壯的要脅，一邊在忍氣吞聲的犧牲。

有位離婚媽媽控訴：她想把家裡的錢花在讓孩子去學習外語和才藝上，她老公卻執意把錢花在購買登山和露營裝備上，讓她無法接受與忍受。情感少了理智，人就會看不見長遠價值，分不清孰輕孰重，總把自己私欲排首位。情感和理智沒有隨時間同步開竅成長，只想讓自己好過的人，真的不會好過——讓身邊人感受不到愛，眾人都會難過難受。愛，是成長、成就自己和別人的舉動！跟自己和平相處，這是人生最難的考題，頭腦無法也不會作答。世界不會和平，人很難與自己和他人一生和諧，只有自己的靈體才會給你自己內心無盡的和平和諧：這靈體功能，就是貼心窩心暖心——我超喜歡！

生滅，是天地運行法則，這樣的世界哪有可能和平？

念頭忽生忽滅，只會用頭腦的人，內心怎會寧靜和諧？

只要人一再地容許自己生氣、憤怒、痛苦「有理」，他都在無視自己的無知，忽視自己和他人的感受和需要。我不是要你過著毫無痛苦的人生、也不是要你不能隱忍痛苦，不能發洩怒怨。我是要你從痛苦中開竅，找到痛苦的原因和平息痛苦的做法。雨過天晴，有時候驟雨不終朝，有時候雨會一直下，別浪費雨水。

一直重蹈覆轍的痛苦，是在告訴你：你早已習慣自己老舊的想法、做法和說法——一切是藉口、是沉迷，你浪費了一次次可以昇華出智慧的痛苦！看不見事實的真相，不願面對事實，恐懼改變事實、無能改變事實、不欣然接納事實，正是這些無知因子在讓人生氣、恐懼而後痛苦，那躲在背後擔心受怕而痛苦的影武者是誰？正是自己智慧沒有揚升的頭腦認知、對認識自己和他人人性與心理的無知、缺少改變事實的勇氣、膽識和能力，在推波助瀾。

如果，有人一直看我寫的書，看到智慧大大開竅，再延伸去看更多領域的卓越之書——這人就能極大化幸福，極小化痛苦的發生。

沒有錢、智慧沒有開竅，靈魂功能沒有啟動，誰都別想很幸福。

早一點極大化自己的幸福快樂，你可以這樣做：

- 禮物禮貌慶祝，多一點。賺錢，多一點。
- 誠懇美言，多一點。笑容和美好妝扮，多一點。
- 覺察到自己的認知跟事實的落差，揚升它，早一點。
- 察覺到自己和他人有共同的人性需要，早一點。
- 警覺到自己和他人的真實感受，早一點。
- 不表示消極性和負面性情緒話語，早一點。
- 讓自己情感的理智高度成長，能分辨人心真假和看清人性真相，早一點。
- 覺察到自己回應當下的不當念頭、行為和多餘話語，更換它、停止它，早一點！
- 不生起情緒和念頭，只有警覺，做到它，早一點。

這是靈魂構造的覺性功能作用時，人會看見的智慧重點！

覺性出現愈多、愈強，人不僅能轉化痛苦，還能為自己和他人創造更多的幸福和快樂時光。注意：喜歡花大錢的慶祝，是虛榮！

別浪費痛苦！任人再怎麼想，也想不到痛苦隱含著的價值竟是如此的高。沒有人知道有輪迴或會回歸再當人，只有無知和幼稚的人會一直不斷重複讓自己和他人在痛苦中，永續循環無止期。每個痛苦都是在提醒你：你的頭腦要再開竅一點、你的靈魂要再清醒一點。

痛苦的「卡點」在此：
痛苦於自己觀念的無知。
痛苦於自己難以更動的不好個性、習性與嗜好。
痛苦於自己的貧乏心態和困頓現狀。
痛苦於自己無能覺醒開悟，無法讓頭腦裡的聲音寂靜無聲。
你的痛苦是哪一個？

你能用錢把人做好、用智慧轉化痛苦、用靈魂止息痛苦，不用隱忍或發怒、宣洩，你才能自己拯救自己，給彼此一條活路和希望，才能極大化你要的快樂。

一定有某種因素卡住了你，讓你痛苦，把那卡點找出來讓它消失——要幸福就要對「痛苦的卡點」開竅！

幸福很簡單：就是別用自己的痛苦和負面情緒、話語和他人一再糾纏。

幸福很簡單：就是要用能力和創造力，活出豐盛富裕，極大化自己和身邊人的幸福。

幸福很簡單：就是要對人性真相開竅出大智慧和正能量，轉化和極小化自己的痛苦、無知和負能量。

幸福很簡單：啟動靈魂功能，用純粹意識讓念頭和痛苦定格在「空無」之中。

你是這樣的人——此生福德、福報、喜樂無量！

智慧開竅的人：嘴巴會甜、個性討喜、懂人性普遍心理和需要、會用錢用物分享給予、把人做好、把事圓滿——這樣的人痛苦會少很多。

智慧開竅的人：瞭解苦因的根源大都來自自己的看法和對別人的看法，對自己和別人滿是：祝福、讚美、感謝、肯定、鼓勵、恭喜、祝賀、共好以及值得擁有美好——那人的快樂會多好多。

10

對人間福報開竅：做著自己開竅的事

做著自己開竅的事，把工作變成長期飯票的事業；
為別人做好事善事，把自己的福氣再添上更多福分！

沒有宇宙、地球和他人，人不可能存活。所有的知識、物質和功名富貴，全都是別人幫忙成就的。做自己、愛自己、讓別人好，自己就會過得好，這天經地義。

學習的目的是多方開竅為自己造福。

做著自己開竅的事，用喜悅和熱情活出成就感、創造成功財富。

有福分享的人、樂於奉獻、給予、付出，人會福再添福。

每個人做的工作，不是因為讀的科系，就是為了金錢或是為了興趣。成功的人常會鼓勵人們追隨自己的熱情，去做自己熱愛又有興趣的事。只是，不管為了什麼目的而工作，唯有做著自己開竅的事，人才會樂在學習、快樂工作，把工作變成事業、變成長期飯票，這點才是真相——讓人推崇！

做著自己開竅的事，你絕對是現實世界利益最佳受益人。

什麼樣的人適合創造事業？做的事會有「錢」途？

對做的事開竅，把風險控管在能夠承受的範圍內，這樣的人適合開創成功的事業——超級有錢途。

什麼樣的人會獲得晉升提拔？

對自己做的事特別開竅，表現優於常人，工作之餘會默默練就好武藝，等待站上舞台展現實力。對待人處世，受人敬愛信任的竅門特別開竅，此人會大有前途！

做著利益眾人的工作或事業，同時有能力出錢出力為他人貢獻幸福，這樣的人就是對人間福報開竅的人——這樣的人正在持續為自己和子孫的福氣添上更多福分。

做著自己開竅的事，人的成功勝算才會最大，它是工作和事業順利成功的財神爺！得之於他人、取之於社會，心滿是感恩的人，會為人們、社會和世界奉獻心力，樂做好事善事，人的福報持續擴大，這樣的人會被幸運之神大大眷顧！

幸運之神和財神透過你，讓你大大有錢，祂要讓你去幸福家人並助人救人——聚財定律！

我認識一對七十多歲身體健康硬朗的老夫妻，他們十年前從公務職場退休，開始熱衷公益。我時常看到他們拿著掃把清掃住家附近掉落在馬路上的葉子，他們加入關懷老人的志工團體，每週輪流選擇一到三天進廚房洗菜煮飯，做飯給弱勢老人吃。

老人幫老人，多麼令人感動的畫面風景。看他們夫妻倆臉上充滿笑容樂在其中，我對他們的奉獻精神表達崇敬和感佩之意！老夫妻跟我說：「只希望自己的作為能為子孫培福造福。」

這是老夫妻認定的智慧，透過幫助別人自己也能受益，這是老夫妻的愛，希望受益的人是自己的後代子孫，這是老夫妻的福氣，以健康的身體付出的心。

人兩手空空赤裸裸的來到人間，沒有宇宙和地球的養分，人不可能存活。人又是共生的物種，沒有他人，人也無法存活——別踐了！

所有的知識、物質和功名富貴，全都是別人幫忙成就，這就是宇宙智慧法則。你從宇宙、地球和他人身上獲得那麼多，你要怎麼回應和回饋這個法則，開竅的人會用愛、智慧、能力和正能量去回應這個宇宙智慧法則，人間福報美好循環由此展開。

學習和受教育為的是精通自己多方優勢，以此創造自己的福氣。有福分享他人的人，自己的福氣會再添加更多的福分。福運臨門、左右逢源智慧在此，記住：是要讓自己永遠有福分可以分享，不是盲從他人，把全部捐獻給心機重的騙子。

- **開悟的人說：**「每個人都互相連結、都會互相影響，每個人都需要別人才能過活，所以讓別人好，自己就會過得好，這天經地義。」讓自己活得愈來愈好，讓身邊人有你真好，就是你對世界的貢獻。
- **心理學家說：**「低自我價值是一切問題背後的真正問題，被別人和自己否定的生命價值，是人生最難跨越的關卡，活出高自我價值和勇敢承擔自身問題，才是問題背後真正的解答。對自己生命價值的感覺，是高或是低、是好或不好，是一切問題的核心所在。」人生最艱難的是自己的能力很難獲取較高報酬。人生最無力的是感覺自己的生命毫無價值，最美的結局則是生命永遠有被器重賞識的能力與價值。

- **企業家說**：「交換價值是人類世界運作的遊戲規則，要從遊戲中受益，你提供的價值就要受到他人的喜愛和歡迎。你的人要受敬重和被人信任喜歡；你提供的產品、作品、商品、技術和服務要有好口碑，要能賣出好價錢。」
- **人類學家說**：「有錢、快樂、受人歡迎、被讚美是人類四大渴望之事。」所以只要我們有能力去創造金錢、喜歡自己、讓人快樂討人喜歡、讚美別人，就能滿足自己和大部分的人性渴望。
- **教育學家說**：「愛和喜歡孩子的模樣、趣味的學習、多領域支持孩子學習、讚美和欣賞孩子優異行為與表現、放手，同時相信孩子一定做得到、陪伴陪讀陪玩，以身作則示範好的行為模式、尊重和成全孩子的選擇、樂觀幽默和正向積極的人生態度。」這是培育優秀孩子或自己最好的開始。
- **社會學家說**：人在面對錯誤、挫折、逆境和失敗時的態度與做法，決定一個人的成就高度，學習、修正、再一次行動、終身學習最佳人生態度。
- **智者說**：你逃避的事，會緊緊跟隨著你、困擾著你，直到你用勇氣面對它、用智慧處理它、用行動對決它，它就會被你逆轉勝。人不是被問題壯大，就是被問題擊垮。
- **聖經上說**：天父、聖子、聖靈，三位一體。我來揭開真相：聖靈就是神聖的靈魂，也就是我說的靈體功能。只要啟動靈體的人，就是聖子，也就是神的兒女。此時，人就跟天父或上帝合一，這是聖經要人活出與神合一最核心的福音，這跟我的真實體驗相契合。

● 聖經上又說：「他心怎樣思量？他為人就是怎樣。」這句話談的正是「相由心生」的智慧，「相」指的不只是面相，更重要的是在談：外在處境和現況，為人和命運的好壞，正是由心念所主導。每個當下所發起的思維，決定了人的為人、人生境況和給人的舒服度和好感度，開竅的人下一個要生起的思想，就是要：正思維！

● 靈魂覺醒的人說：「去成為自己的光。」人問：讀了、聽了、甚至信了老莊思想、聖經福音、佛陀經文，然後咧？二千多年來，能讓人隨時福樂、安樂、喜樂的生活滋味，還是得不到真實的教導啊！我說：二千多年來，人類真相進化的高峰、真實智慧和做法，就匯集在此書——《終生開竅的秘密》。這書裡的文字有光，只要你開竅啟動自己的靈體功能，你就成為那道幸福永生的光。

人類之中誰最美？答案是：散發出靈體之光的人！

有靈體這道光的人，不需要上師、法師、教主，更不會去扮演這些角色。有這道光的人，不會再問人生的價值與意義是什麼。有這道光的人就是自己的天、就是自己的上師或救世主，有真我這道光的照耀，小我就消失無蹤。

蘇格拉底說：「你認識自己嗎？」拉瑪那・馬哈希要你去問自己：「我是誰？」覺性意識這道光，就是覺察到覺察——這覺察狀態就是答案！

臉上由靈魂深處綻放出覺性意識這道光的人，會讓人不知怎麼地就想多看他一眼，因為人感受到那無法言喻的靈魂之美，任何的醫美整容和人工智慧，都無法讓人綻放出靈魂之光。

／-◇-／-◇-／-◇-／-◇-／-◇-／

我觀察到，人長大後很難跟父母或兄弟姐妹或他人談笑風生。家人、親人甚至是另一半竟成了最親的陌生人。對人性之學沒有多方領域的開竅，每個人都話不投機、無言以對、無話題可聊、閒話家常成為艱難課題。嚴肅、無趣、呆板、人和話語不討喜、所談所聊盡是低頻負向內容——這人會的和開竅的東西真的太少，偏偏你我周遭充斥著這樣的人。

懂沉默是金、會談笑風生、能幽默風趣、所聊所談大都是正向高頻話語，此人會跟父母、孩子很親——這人能在天地人之間談笑風生，他是個終身開竅的人。

沉默是金——這是靈魂功能會精準拿捏的本事。

談笑風生——這是人對人性多方領域開竅的本事。

幽默風趣——這是人面對生命考驗淬鍊出的智慧本事。

所談所聊大都是正向高頻話語——這是生命素質優化的天性本事。

終身開竅的人會擁有這些本事而得人間大福報。

在漫長的人生歲月中，去開竅成為富者、智者，去萃取他人、書本、經典養分讓靈魂覺醒，開悟出大智慧，成為自己的：心理學家、教育學家、人類學家、社會學家、企業家、溝通表達專家。這是人間最美的福報——深得我心、頻率契合，呀呼！

去想你渴望要擁有的事和物。

去說你感受的美好。

去做你想要讓自己和別人受益和幸福的好事。

無思無想：讓頭腦裡的聲音寂靜無聲。

無念覺察：默觀你身旁的天地萬物和人的一舉一動。

你能運用自如——你就有了人間大福報。

11

對「功名富貴」開竅

做事有熱情、待人有溫度、言行感動眾人、能精準解決問題、有能力整合眾多術業有專攻的人和資源、給出的東西有價值，創造的作品讓人受益，且美到愛不釋手、有遠見是個身教典範，為他人造福是自己的座右銘。你正在做這樣的事，成為這樣的人，恭喜，你對成功、名位、財富、貴人開竅了！

走在人生之路，誰能用學習、成長、進步不間斷的寫日記、寫履歷，來秀出自己的美好。有一天，這個人一定會被世界看見他的好。

現在，就是「因」同時是「果」！

現在，你要怎麼面對自己的人生？你要怎麼面對現在的自己？這個才是靈魂真知洞見的真相。我不談因果業障這種頭腦小我之見的玩意兒，「現在，是因也是果」這句靈魂洞見，讓人生之題有解——人生解方：現在，你要怎麼想？現在，你可以不要生起想法嗎？**永遠都是現在！**

兩位立法委員帶領各組織系統的主要代表人物找我開會，希望我出來競選家鄉「城鎮」行政首長。委員說：「你若現在答應，明天開始你就是候選人，只要負責闡述理念，向鄉親們清楚告知城市未來繁榮發展的方向和願景即可，其它事務全部由我們負責。這是一個有龐大動員能力的組織在幫你選舉，如果是你自己要出來選，哪有那麼多資源和人幫你？」與會人士都說：「這是一生難得的好機會，要好好把握！」

對立法委員和參與開會推舉我競選的每一個人，我內心滿是感激。花，因人們的賞識而更美；人，因他人的讚賞而更好。想到自己能被如此的肯定與賞識，是何等的榮耀與福氣！走在人生之路，誰能用「學習、成長、進步」不間斷的寫日記、寫履歷，有一天，這個人一定會被世界看見他的好。

他的「好」總會引來幸運和福氣的緊緊跟隨，有時會早點到，有時會晚點到，不管何時。它，一定會到，只要你：

● 做事有熱情。

● 待人有溫度。

● 言行會感動他人、眾人。

● 能精準解決問題。

● 有能力整合眾多術業有專攻的人和資源。

● 給出去的東西有價值，創造的作品和商品讓人受益且美到愛不釋手。

● 有遠見是個身教典範，為他人造福是自己的座右銘。

有這樣的心態、能力、智慧正在做這樣的事，成為這樣的人，恭喜你，你對成功、名位、財富、貴人開竅了，這樣的你必將喜迎人生的美好，這樣的你必將福氣滿溢，富貴長留傳！

沒有以德以能「去得來、去使用」功名富貴，人的名聲不會太好、身教養不出好樣板、家的氣氛不會很芬芳——要庇蔭後代更是為難了上天。

成功的領導人正是城市最佳建築師和築夢者，必然是對創意、設計、美學開竅的人。美學和藝術，愈多人感覺美，愈多人嘆為觀止即是美，客觀藝術即是觸動億萬人心、悸動億萬靈魂之美——這出自靈體的創作，其美無比。那令千萬人、億萬人「哇哇哇」讚美不停的聲音，就是人間最美的藝術品！那廣設小眾藝術和廣建無美感之作品，充其量只是個作品，只能稱作創作者，要稱做藝術和藝術家太牽強。

沒有啟動靈魂高等情感，人對美就會欠缺鑑賞力。美，出自靈魂之心之眼之手！這正是世界出現藝術大美之作如此不易的原因！大部分的主事者對美缺乏高等鑑賞力，因此很難呈現於你我眼中和城市中。

啟動靈體，你會擁有美的鑑賞力，會天天看見天地那大美，跟莊子相遇——對大美這個朋友，我交定了。

立法委員帶領各組織系統的代表人物與我會晤，這是有所做為的人，對人的敬重與團隊力量凝聚的巨大展現，這股力量必然因人才的結合而強大。在找我之前，他們已遊說我父母好幾次，我父親稍有心動，母親則持反對態度，開會時他們詢問我老婆的意見，老婆說她支持我的決定，我自己則持開放卻也有所考量的立場。

早期的我也曾想過要為社會貢獻所能，為城市注入美學。只是顧慮到母親的態度和考量到父母已七十好幾，人生來到無限美好的時期，風風雨雨、吵吵鬧鬧已是過往雲煙。歲月靜好，家人和諧，友誼至上是他們目前生活的寫照，對此我無比珍惜和感恩。這無限美好的一切，就讓它繼續持續，毋需因為我的競選，兩老還要到處奔波請託他人，因勝負而走心，這是我不捨的畫面，也是我內心真實的考量，傾聽心的聲音，婉謝眾人美意，我想吹奏一曲歡喜感恩──謝謝你們愛戴的福佑神曲。

我父親之所以有點心動，是他對我有所期許，老一輩的人大都認為，當官是光宗耀祖的展現！母親反對是因為她看到很多人，為那名位選舉花上大把金錢，頻說：不值得！

智慧開竅的人在其位，為天下人興福造利，這是名位本身存在的價值與功能，這是我個人觀點。只是，從古至今──幾人能開竅？

學習，無止境。進步，無止境。美好，無止境。開竅，無止境。

但願我的好，能讓你看見，讓你感動，讓你感謝，讓你感到好好。

開竅，就是「好的」永遠都要再多一點；「不好的」永遠都要少一點或消失。也就是極大化好的，極小化不好的或讓它消失。

好事或不好的事，自己的良心和情緒好壞會告訴你答案！

活著：

- 就讓自己多一點笑容，心情多一點喜悅快樂。
- 讓話語多一點金玉良言和幽默風趣。

- 讓情感多一點愛、行為多一點分享給予。
- 讓心多一點敬意善意。
- 讓知識和眼界因為熱愛學習而更深、更高、更廣。
- 讓行動聚焦在目標，用勇氣實現夢想，創造多一點的金錢，擁有財富安全感。
- 把多一點的注意力用在自身的省察上，不讓自己有討人厭的個性和致命的惡習、陋習。

對人性真相的知識和智慧沒有開竅，人必無知！

無知、無奈、無力的痛苦，最讓人痛苦。

開竅，專治無知症狀！

人唯有會使用靈體功能，才足以稱：我不執迷了、我解脫了、我人生圓滿了。

真正開竅的人會讓自己擁有：創造金錢財富的能力、解決問題的能力、實現夢想和達成目標的能力、給自己和他人快樂的能力、精通術業專精優勢的能力、解脫命運束縛的智慧洞見和輕輕鬆鬆使用靈體功能——這些全發生才會讓人極小化自己的無知！

我常聽人們說：「做真實的自己。」然而，人們口中「真實的自己」，只是另一個虛假的總和，它是頭腦換湯不換藥的說詞。真實的自己叫真我——屬於靈體功能，不屬於頭腦管轄範圍。在頭腦的世界，虛假面具人人戴得多自然——不是脫不掉，就是渾然不知。

別再說金錢財富、功成名就是身外之物不重要，這些都帶不走，這觀念只顯現人們缺少了創造它們的能力和勇氣，這些東西是可以給自己、給孩子和家人、給他人幸福和祝福的寶物，喜歡它們，取之有「道」——創造它們而善用它們是對待它們最好的方式。

面對人生，你可以理所當然地去追求功名富貴！人不做惡、心不使壞、利人利己就會有好福氣。

想幸福人生，你就要對人少一點控制欲、權力欲，多一點敬意善意。對事多一點學習心、多一點事業心、多一點做美事好事的心。

人的好——無盡頭。

終身開竅——無極限。

開竅，無止境！你是選擇苦、怨不停，還是福、樂不盡？

我們自己就是創造這一切的源頭。現在發起的思維、生起的感受、說出的話語和做出的行為，現在就要能自主的正向它、美好它、中斷它——這是你開竅的結果。

靈體永遠只會停在現在，所以不講前世因果，這無法印證，不值得參考！

靈體只會講：現在就是「因」同時是「果」！人現在的想法、說法、行為、感受，同時是因也是果。現在，每個人都能做出選擇和改變它們，「是因也是果」這論述讓身為人類的價值，高到前所未有——自己可以在每個當下創造生活與命運。

現在，你要怎麼面對自己的人生？你要怎麼面對現在的自己？這個才是靈魂真知洞見的真相。

現在，你要怎麼想呢？現在，你可以不要生起想法嗎？**想的好、不要有想法——人生解方在此！**

開竅，總在一念之間！

你就是那個源頭，那個創造成功、名位、財富、貴人的源頭，這一念，你開竅了嗎？

12

磁吸效應：想著說著感覺著渴望的美好

人會得到他一直想要的和一直感覺到的。
你的人體是個磁吸體，去運用它，讓好事一直來！

不奢望，就無希望；不敢奢求，夢想就不必想。

吸引力量：愈用愈有用、愈用愈好用，你的磁場頻道調對了。

磁吸美好：想好的、說好的、感覺好的——有耐心的人得天下，有耐性的人得大好江山。

磁吸效應：從人體放射出的思想、感覺、話語緊緊扣住心中想要的渴望去行動。好，引來好。

> 要給宇宙時間，來重新安排人、地、事和劇情，以圓滿你的願望。輕鬆快樂一點，別太早放棄和否定這股磁吸力量，宇宙現在還在為你之前舊的想像戲碼努力工作，多麼盡責的宇宙。

人生最重要的兩大場域：磁場和職場——磁場要正向高頻、職場要有錢途。

人體磁場——每個人散發出來的生命素質能量，即是人體磁場，這磁場會同類同頻相吸和相互影響。

生涯職場——想要金錢物質富裕的人，就要在職場上成為價值和價錢交易的高手或狀元，行行能否出狀元？就看職場的價碼高低和商機大小而定，職場就是要大有錢途！

閱讀帶給我的磁吸效應

來聊聊我成功的磁吸效應：

年輕時就愛上閱讀，從此買書變成了我的愛好，看書成了生活的日常，閱讀多年不知看了多少本書，從只能吸收作者的觀點提升到有自己的見解，愈讀愈有味！從看別人的書到夢想著有一天要把書的作者填上自己的名字，把這願望放進了心裡：想著說著感覺著。

從學生到職場，我熱衷聽演講，更喜歡到處上成長課程，看著台上講師散發專業風采的魅力，夢想著有一天，自己也要站上講台，我把這願望放進了心裡：想著說著感覺著。

我曾住在一個環境幽雅的社區多年，因住戶對公共事務需求不同常有爭執。我一直夢想著能搬離到一個相對平靜和諧的環境，同時擁有自己的小小花園，在那裡養魚、種花、品茗、閱讀，我把這願望放進了心裡：想著說著感覺著。

我讀過建築、土木和企業管理。從事建築讓我認識同公司任職的老婆。另外，我很感謝有企業從產品名稱到包裝設計，讓我發揮企管所能，把商品行銷到市場上，希望我的品牌設計能讓他們永遠賺大錢。

此外，我常想著：學經歷目的只是讓老天爺促成我的姻緣嗎？我能否運用自己的學經歷，結合自己的專長優勢，擁有自己的事業，成就自我？我把這願望放進了心裡：想著說著感覺著。

我十七歲就熱愛學習、閱讀與聽講卓越之人的訊息，二十多年後，我啟動了自己的靈魂功能嚐到開悟見性滋味，我把這真實的體驗和領悟寫成書與人們分享，我常想，除了造福別人，我至愛的家人能否跟我一樣喚醒靈魂真我，嚐到永恆平靜喜樂的滋味！我把這想法放進了心裡：想著說著感覺著。

羨慕以上我願望成真的美好？請你想想，我為何能寫出第九章「去利用痛苦，在痛苦中開竅出智慧的生命真實體悟」？我只是個在人生開竅大戲的戲棚下站很久的那個人。

真心想要的能量，會磁吸你想要的東西前來。會把願望放在心裡，想著說著感覺著，用行動讓夢想成真。說著：指的是在心中默念，或小聲對自己說出願望也可以對著鏡子跟自己說！

在人生旅程中你是否跟我一樣：

- 喜歡學習、熱愛閱讀、樂於聽講卓越觀點。
- 學的、看的、聽的，選擇能學以致用的東西，把所學所能活用在生活、工作和與人相處上。

● 愈學愈讀愈開竅，能真實領悟和體驗覺悟者傳達出的訊息滋味。
● 愈活愈有自信之光。
● 對認識自己、瞭解人性、「我到底是誰？」愈來愈透澈。

多數人類活著都只是用頭腦陳舊的記憶和價值不高的內容物，在延續自己的生命，時間都用在家事、工作和吃喝玩樂上，這讓人體很難磁吸比現在更好的美好，要同時碰到有自信之光、有智慧之光、有靈魂綻放之光的人們，少之又少。

希望和光明，會磁吸希望和光明，這就是同頻共振的磁吸效應，效應會愈來愈擴大！比起「吸引力法則」這名詞，我更喜歡「磁吸效應」這一事實表述。法則，傳達出的是一種必然性，彷彿人人只要用了，結果都一樣，現實不是這樣發生。效應，就看自己人體長期以來的思想、言語、行為和感覺散發出的能量，是否用在造好命、行好運、圓好願、做好事上，那效應的好壞，會真實的回到自己身上。所以，人的命運端看個人對磁吸效應開竅的程度，和人體散發能量的運用而異。

人體散發的正向光明思維和靈性美好情感的高頻能量愈多愈頻繁，磁吸美好就愈多愈頻繁——凡事就容易美好！

吸引力法則和磁吸效應起作用的源頭：就在每個人頭腦記憶庫裡的內容。當人要生起想法和感覺、要說出話語與造作行為時，全都要從記憶庫裡的內容提取出來。

頭腦記憶庫裡的內容，是人從小時候到現在儲存下來的結果，這些內容會變成人的潛意識和信念，影響每個人的生活與命運。優化、美善化、揚升記憶庫裡的內容，人就會磁吸到美好的人事物和美好的際遇與奇蹟來到生命中——神力神助那股力量在此！

我相當年輕就愛上學習與閱讀，特別偏好震撼我思想和愉悅我情感的書和訊息。三十多年來我的潛意識因開竅而高頻化、正向化、靈性化。我已能時常提取記憶庫內美好的內容來思言行和感受。

令我驚喜的是：我很滿意自己頭腦記憶庫內的美好內容——吸引力法則祕密在此。狂喜的是：我竟能啟動靈體功能淨空潛意識的內容——開悟見性的祕密在此。

記住：沒有終生優化和揚升記憶庫內容的人，不會好命，無法改變自己的現狀——終生學習和開竅的人，自己會越變越好、越活越好，因為他「真」實、良「善」、「美」麗了自己的潛意識。

> 「理所當然，我會擁有我的渴望」，「我感覺到我真實擁有了它」，誰能散發此能量，他的磁吸美好效應威力就愈強大！

一位畢業多年在商界發展很好的學生，邀請我和老婆到他的招待所參訪。過程中，學生談到大學時代同學們都很喜歡上我的課，我的課出席率最高。我回應道：「當時選擇的教材和講授的內容，都是全球卓越暢銷書的觀點和做法，震撼學生的思想引發共鳴，活用書中內容到生活和工作中，這樣的課程就是一道指點迷津的生命成長饗宴，我希望聽我講課的學生，生命素質都能大大提升！」

不僅如此，當我讀到和看到對生命有極高參考價值的知識和做法，我都會把它做成講義，自掏腰包影印分享給來上課的學生，多年後因學生回饋，才讓我想起：當時備課的態度和分享超高價值的教材、講義，正是那頭腦想不透的無為而為或叫愛，這事我渾然不知做了十年多，誰能將我上課的內容和分享的講義活用到人生裡發光發熱？就是這位學生！

無為而為，就是付出時只希望別人好，想都沒想自己的任何利益。無私分享、無為而為——本身就是福德，日後見真章：難思議啊！

對「人性心理、商業管理和靈性成長」求知若渴的我，因為思想總被震撼，心歡喜莫名，這揚升進步的感覺，讓我對卓越之人的知識和智慧，生起熱切的求知渴望，正是這股強烈渴望的求知欲，讓我把全世界古往今來眾多卓越之書，買到我的書桌上，也就是這股磁吸的力量讓我的知識和智慧能持續不斷的開竅再開竅。

命運最強吸力：渴望、想法、感覺、行動。磁吸效應的作用力是：主動、刻意創造美好命運：刻意想的和說的都要是自己的渴望、都要引發渴望真的會實現在自己身上的好感覺，以此勇敢行動。「我感覺到我真實擁有了它！」「我感覺到我的願望真的會成真！」誰能散發此能量，他的磁吸美好效應威力就越強大！磁吸效應，就是感覺到願望和渴望真的實現了的美好感覺。以此願望意圖和感覺去行動創造，是磁吸效應的開始！磁吸美好效應能何時實現和擴展到何等境地？端看個人對愛、知識、智慧、創造力開竅到哪裡而定！

最好的人生：不是競爭比賽而是創造比賽——創造出「自己都大讚不已、他人願意買單」。人人似乎都聽過、用過吸引力法則，效果卻是人人不同，原因就差在願望與感覺美好的合一程度為何？有無搭配自信優勢的創造力？做磁吸效應的時間長度和耐性程度？人體的磁場和職場有無相互加分？**影響磁吸效應的結果，關鍵在：每個人生命素質散發出的高頻美好能量，有沒有在自己的言行舉止裡？**

一位女性讀者不定時的傳來訊息，述說生命的遭遇與難題，她似乎被親人逼上絕境，想聽聽我的看法，希望我能幫助她，訊息總是圍繞著：工作不順、賺不到錢、身心之苦、親人給的壓力、吸引力法則和靈性開悟的文字與術語。她希望能透過自己的經歷來幫助別人、改變世界，問題是：她連自己都照顧不好。她已深陷在負頻能量的情境之中。

她的開悟術語，只是空洞的照抄書本和重複他人的話語。**真正覺醒開悟的人提出的是：親自指導和如何達成的做法**。不是一句句靈修術語，很多人都這樣在寫、在說空泛的文字和空洞的訊息，這已經成為現代靈修和宗教修行的虛假亂象——用小我在瞎講大我的狀態，愈修行離幸福愈遙不可及。

女性讀者說她不想做朝九晚五的工作，理由是會妨礙和減少她靜心的時間，我跟她說：「你自己的精神先要豐盛起來、物質要先能自足起來，才有能力照顧好自己和幫助他人，改變世界大都是上天的事，況且在工作空檔和下班後都可以靜心，先設法把工作變成長期飯票或多多斜槓，至少先要養活自己，才是當務之急。」

她說上師跟她說：「人不用工作也可以賺大錢，例如：透過繼承遺產、中大獎、獲得投資的機會。」難怪她不想多工作與做事不順，她跟我說：「她的上師已經開悟了。」我哈哈大笑回覆她：「這說法，現在幫不了妳。」

人不用工作也可以賺大錢或生活，這只會發生在含著金湯匙出生的人或有家人和貴人相挺以及偏財運已發生的人身上。不學習，就不長進，不做事，錢就不夠用、時間就不知如何打發。

真心希望這位女性讀者，能對磁吸效應大大開竅而心誠所願，願上天賜福予她、願她家人無條件愛她支持她，活下去的美好找上她！願她財富自由，願她同時明瞭：自己的靈魂覺醒，才是人生享樂不盡的真實財富！

當一個人，要運用吸引力力量時，要達到成效一定要同時厚植自己的知識和專業技能，搭配自己的外在目標和內在渴望去行動。

當一個人，要走上靈性開悟的學習之路時，一定要擁有能在社會上謀生和生存發展的知識、技能和創造力，一定要對人性心理和靈性智慧有真實體驗，以免最後落得空空如也，什麼都做不來，不知要做什麼，只會耍靈修或修行的嘴皮，難以置信的是，這樣的人，卻正在對人們宣講幸福人生——哪來的自信啊？

偏財運，是存在的，但何時發生？機率多少？你最好把身邊事做好、對身邊人好，無形地等候它到來，即使含著金湯匙、鑽石湯匙出生的人，還是要多方學習深度開竅，才能讓金錢成為祝福。

命由己造：即是主動地創造磁吸自己的幸運和福氣。

命由不得己：被他人左右和先天條件束縛，生活和個性老是不變，總用負向思維在哭窮在使用磁吸能量。

每個人的命運都有兩種力量在作用，一種是被動的安排，一種是主動的創造。被動的安排，好壞大都靠運氣，這在需要靠大人養育的時期和長大後知識和智慧沒有開竅、隨波逐流、無能也不想改變自己現況的人身上，總能看到這股被動安排的力量在主導著人的命運走向。

被動安排或命運被安排，跟自己腦海裡重複播放的念頭有關。無法更新、無法播放好念頭、無法持續開竅有更深的領悟，沒有強烈想讓自己變好和改變命運的意志，在人生中沒有厚植專業實力，等要改變時已無人和資源助上一力，前途只好任風吹，到時再到靈性修行處彼此取暖，困乏一生。

時代變了、新了，來走多方開竅之路吧！即使沒有開悟見性，仍有能力和創造力來實現夢想，過上較美好的生活，頭腦和靈魂也一定會愈活愈清醒：這創造力和智慧開竅再開竅的發生，是人生穩賺、特賺、大賺的投資術。

主動創造，靠的是自己刻意的選擇：刻意想的和說的，都要是自己的願望與渴望、都要引發渴望真的實現了的超好感覺、都要充滿光明希望。以此勇敢行動，便是磁吸作用最強吸力能量。人生的過程若能用行動搭配知識的創造力，用真心、善心、美麗的心待人處事，磁吸的美好總能天從人願！

什麼樣的人較會有好運氣和好福氣？就是懂人性知識、智慧和專業技能竅門，持續開竅的人。就是對人體磁吸效應的訣竅和竅門開竅，從人體放射出的思想、話語緊緊扣住心中想要的渴望，感覺到美好希望去行動的人。

人們為何走不出過往的傷痛，因為命運被動的安排，自己使不上力成為無辜的受害者，或智慧沒能開竅成為加害者，若再自怨自艾一生，那被動安排的力量將再度使力，人體磁吸來的人事物，只會讓人再叫苦連天。

奇蹟是「我能、我會、我可以」的力量。

奇蹟是「感覺、感受美好」的力量。

奇蹟是「想著說著感覺著希望成真」的力量。

奇蹟是「創造和行動」的力量。

成功致富的人總感覺人生的運氣出奇的好，常遇到很多美好的巧合、機會和貴人相助，很多所謂的成功人士常覺得事業運氣如有神助。順利成功的人大都是相信自己和感覺自己會成功、會順利、會有錢，內在能量就出奇順利地吸引來更多機運，好事常超乎預期的好，錢財總是超乎意料之外的多，讓他感覺自己就像神一般。這股神力加持的感知和感覺，正是磁吸力量作用的最大助力。

不管男女，總是會想著、說著、感受著自己的願望渴望，同時認定自己會擁有它，重要的是有慢慢做起大事的勇氣和行動力，這樣的人最會擁有財富和成就。行行出狀元，道理在此！各行各業的人或許並不知道自己在運用這股磁吸力量，他們就這樣想著、說著、感覺著美好希望，在行動中就讓運氣和福氣出奇的好。

我思，故我在創造！我行動，故我豐收創造的美好！別讓自己的命運只能任由他人擺佈，只能被動的被別人或那隻看不見的手安排，你自己的人體就是個最好用、最好使力的磁吸體：從你輸入腦海裡的知識和智慧內容、眼睛看的美善文字和畫面、耳朵聽到的正向消息和訊息、嘴巴講的積極肯定語、心感覺到的喜悅開始下功夫，這全部整合起來就是人的成功富裕幸福意識。

去相信「相信我能」的巨大力量，去感覺「感覺美好」的巨大力量，去運用「吸引力磁吸美好」的巨大力量，去做「想著說著感覺著希望成真」的巨大力量。**思想一啟動，創造就開始**，開竅的人明瞭：**我思，所以我在創造；我行動，所以我會豐收美好！**跟這股磁吸美好效應能量最搭的是：

- 你的渴望和目標：夠明確、夠渴求。
- 你的信心和勇敢行動。
- 你的良善意圖和美好動機。
- 你厚植實力的學習心和閱讀生命智慧的終身興趣。
- 你肯定會富裕的心態。
- 你不自我設限的夢想。
- 你的恆心、耐心和毅力。
- 你長期洋溢願望會成真的美好感覺。

跟這股磁吸美好能量最不搭的是：

- 你的懷疑、你的懦弱、你的貧窮匱乏心態。
- 你的半途而廢、三分鐘熱度，被舊和壞信念打回原形。
- 負面消極性思維、悲觀想像。
- 不想工作、不做事業，失去磁吸美好的奇妙際遇。
- 不配、不值得擁有的自我限制想法和感覺。
- 感覺不到希望成真的美好，自己親手扼殺更多美好希望，真的會成真的可能性。

去運用人體磁吸效應的能量，從你看的、想的、說的、聽的，都能夠讓人體時時感受到美好感覺，都能聚焦在你想要的：平安、健康、成功、金錢財富、工作事業、願望渴望、智慧洞見、幸運和貴人上，去運用這股磁吸能量，去用，一直用，用到引爆美好的結果。

記住：別把磁吸效應或叫吸引力法則，當作人生和生命唯一的養分在攝取、在傳播。

你需要對更多的智慧洞見開竅，開悟見性和磁吸美好才會綻放在你身上——請內化這段話！

當眾人對做人良善的道理嗤之以鼻；對有用好用的人性各種成長議題和暢銷全球的企管知識不感興趣；將屬靈的真知洞見視為玄學無法領悟瞭解時，我早已把它們吸引過來，落實到生活中，實踐到生命裡，內化成我的智慧。在我住的屋子裡總是掛著、貼著讓我充滿光明希望，洋溢甜蜜好心情的文字。我樂在其中，不僅是因為夢想的實現，更多的是那當下無比快樂的人體感覺，這是我自己給自己最好的禮物和養分。

人體是個磁吸體——內在的生命素質就是人的磁吸能量場。內顯化於外——人的氣質和現況是自己思量的結果。你的人體就是個磁吸體，你現在的處境、現況和個性、習性正是你由內而外顯化的結果，別再被動的被安排，該是你主動出手的時候了。你「念茲在茲想茲說茲感茲」的一切，真的會來到你的生命中——請善用：你內在的思量。

當你運用磁吸能量，向宇宙下訂單，宇宙會如你所願，但結果要經過多長的時間才能出現，就不是你能決定。耐心、信心和意圖心，正是你獲得報酬前的最大考驗。宇宙顯化給你的劇情，有時需要你從挫折中再一次爬起，有時並不會那麼美滿和諧順利到位，有時是先令人絕望的戲碼，這情況常會讓人誤以為磁吸力量引來不好結果，而不敢使用、不再使用甚至害怕這力量，劇情的結果，最後總會讓你喜出望外。

你的人體原本就是個蘊藏神力能量的地方，這就是你念茲在茲的願望會實現的原因，神力就是人熱愛學習而多方開竅出巨大創造力的能力！

你的人體原本就是塊大大的磁鐵：這就是你持續想像的美好會一直來的原因。活在那願望和渴望彷彿已實現的美好感覺裡，就是磁吸效應已在作用，慢慢磁吸幸福富裕到你的生命中來。

記住：運用人體磁吸能量，想著說著感覺著，有耐心的人得天下、得大好江山。

愛因斯坦說：想像力比知識更重要。想像力是一把雙面刃：會刻意的、自主的想像光明希望的念頭和美好渴望的畫面，有這個好習慣的人──人生值得成功幸福美麗；會不當聯想、負面想像、被動不自主胡亂消極想像，有這個天性傾向的人──人生滿是悲情、痛苦不如所願。

除了磁吸願望美好的想像，和對積極肯定語的同頻共振，人類大部分的想像都是吹皺春水擾亂心神，讓人受苦不已的負面情節，無法轉換和中斷頭腦恐怖的想像情節，在想像虛假的情節中受怕受苦，就叫芸芸眾生之苦。

對現在想要轉化痛苦的人，想要未來好願成真的人，就要擁有反轉想像力劇情的真功夫，把讓人痛苦、擔心的想法，反轉成沒有那個想法，不把那想法當真，重要的是換個充滿希望的想法。

與其想壞的，不如想好的，想自己要的，就會愈用愈有勁、愈順手。當你否定這股人體磁吸力量、否定正向思考、否定積極肯定語，就是在否定「喜樂是良藥」這句話。喜樂是感受，能帶給你美好希望的感覺，那想法、說法、做法就是顯化奇蹟的魔法。

當人悲觀、焦慮、消極、恐懼、負面情緒爆滿、不敢相信自己有希望、設限自己的福氣，這些低頻能量出現，此時任何的冥想、正向思考、積極肯定語，當然不起作用！**每個人一定會有陷入負向思維的想像和負面情緒感受的時刻，能耐心等待它平息消逝，再反轉想像美好情節，這樣的人就是對人體磁吸美好能量開竅的人。**

／-◦-／-◦-／-◦-／-◦-／-◦-／

磁吸力量能否成功運作？那個基礎是建立在一個相對積極樂觀上進、相信自己是有福之人，敢想像美好會到來的心態，沒有這樣的心態和做法，人無法運用磁吸力量法則，不敢也不肯跟上天下大單，還會否定正向思考和正能量的價值。

宇宙對每個人都超大氣！是自己不敢奢望的小家子氣，阻隔宇宙的恩賜福澤。

友人是建築承包商，十多年來都在幫別人蓋房子，我問他：有沒有想過自己蓋自己賣？他回答：「自己沒有賺大錢的奢望。」人若是真的已經滿足自己的現況和擁有，也是一種早來的幸福。

另外一位女性很有才華的友人喜歡舞文弄墨，我看見她把自己的夢想寫成詩句，字裡行間的美好令人無限嚮往，我歡喜獻上祝福，願友人心誠所願，夢想成真！她卻回覆：人生已不奢求。那到底寫的是什麼夢想，真是啼笑皆非！

不奢望，就無希望；不敢奢求，夢想就不必想。

別把願望夢想當成奢求，只要是好願好事，你就別跟無限豐盛富足的宇宙銀行客氣，只要你敢想敢要，宇宙對你真的超大氣，是你不敢奢望的小家子氣，阻隔宇宙要給你的恩賜福澤。

願願好願，願成真。心想好事，事成真。想著說著感覺著，你要的就快要來了！

活著，是一種感覺的滋味！人會得到他一直想要的和一直感覺到的。

別讓自己的觀念，阻止了無限美好的到來，沒有開竅的人都在做這樣的蠢事。事實上，宇宙和世界現有的資源，能供給每個人都過上富足安樂的生活，其中包括你，去把觀念和能力對焦在這個事實上，你就會過上豐盛富足的美好。

現在就開始想著說著感覺著你目前想要的願望，別把自己和宇宙逼得太緊，輕鬆快樂地做，別太早放棄和否定這股磁吸力量，要給宇宙時間來重新安排人、地、事和劇情，來圓滿你的願望，宇宙現在還在為你之前「舊的想像戲碼」努力工作，多麼盡責的宇宙。

美好的結果——總是值得想像、去做、去感覺美好！

你會得到你一直想要的和你一直感覺到的。你會由內感覺「好」必由外引來「好」，恭喜你：你的能量頻道真的對準了宇宙福音訊號。

現在你想要什麼？現在就想著、說著、感覺著……那美好。

13

讓願望成真的積極肯定語——說著說著感覺著

說著說著感覺美好，直到引爆那美好

「去跟上天實驗」你的願望成真積極肯定語，直到你應驗了它，上天應許了你的願望——靈性開竅之人：少年得志或大器晚成結果都會很好。

就是喜歡「看」、「默念」和「小聲說」願望成真積極肯定語的人——人生會愈活愈幸福、生活會愈活愈美好。

上天、神啊，請給我最好的結果、最好的安排。

最美的祈禱和恩典由此展開……

把自己的思想頻道和感覺頻率調整到跟自己的美好願望合而為一。有耐心者、有信心者、做到有感應者——會好願成真！

生命洞見

人生，「那麼的巧」

有位我教過的大學生到政府部門上班，傳來一封信：他們剛到任的新主管，為求表現喜歡跟長官承攬業務，卻常把壓力轉嫁給下屬，對他們遷怒、怪罪，搞得整個團隊士氣低迷、上班氛圍不佳，他自己工作得很痛苦，問我：該怎麼辦？

這種問題要解決，只有主管換人、自己轉職調職和轉換心態。因此，我回說：「首先，如果想在公家單位發展，一定要升等，所以好好努力準備，到時你轉調的機會就多了。再來，你可以向上天祈禱主管『高升』他職，同時跟宇宙下訂單：讓你遇到好主管、好同事。接著，工作時要全力以赴，當主管生氣時，做些能放鬆自己心情的事，例如看看窗外的花草樹木和天空或泡杯咖啡。」

一年後，我接到學生來信，他來謝謝我，說他的主管已調回原來單位。他說：「老師您的建議和做法真的有效。」

你可以把它看成巧合，人生一向就是那麼的巧。記得！許的一定要是好願望，這會讓我們的人體能量散發出光明希望的磁場。我們不能許下傷害他人的願望，這樣只會把自己的人體能量搞壞了，磁吸不好境況把願望搞反，或許有人會去申訴，這也是個方式！厚植自己實力，擁有自主選擇權——一勞永逸的方式。

願望成真積極肯定語：本身涵意就有美好磁場能量，達成時自己會很興奮，長期能感覺到那滋味和與那狀態合一的人——上天會賜大福氣給他並讓他願望成真。別只聽我說，現在就去實驗它的真實性——開始！

這是上天和你自己「應許」的福賜恩典——去接下這福分。
別太急或強迫別人做吸引力效應之事，你有感應才有機會影響別人，切記！

我很平安、我很健康、我很幸福、我很快樂、我很成功、我很富有、我很有錢、我很幸運、我很勇敢、我很積極、我很棒、我很優秀、我很有福氣、我很感恩、我很平靜、我很自在、我很放鬆、我超級順利、我超級成功、我超級好運、我思路清晰、我記性超好、我敢於行動、我表現一級棒、大獎好事一直來、太好了、太棒了！

我樂觀開朗、我幽默風趣、我主動積極、我充滿自信、我抬頭挺胸、我笑臉迎人、我笑口常開、我活力充沛、我容光煥發、我神采飛揚、我熱情洋溢、我說好話、我喜歡自己、我受人歡迎、我是萬人迷、我很有人緣、我討人喜歡、大家都在祝賀我恭喜我、我與人關係幸福和諧、我福星高照、我吉人天相、我揚名立萬、我成功成名、我飛黃騰達、我名利雙收、我福慧雙有、我是天生贏家、我是超級勝利者、錢是好東西我喜歡錢、我賺大錢、我發大財、我是億萬富翁、我超級健康有錢、我愛錢錢愛我、錢來得容易頻繁、我財富自由、我值得成功幸福有錢、假如我有一千萬、一億、十億那該有多好、我是百億富豪。

我能、我可以、我做得到、老天爺神佛都在賜福給我、我鴻圖大展、我事業興旺、我生意興隆、我業績長紅一直成交、我喜迎財神、我大筆進財、我財運亨通、我表現超好、我好運旺旺來、我財源滾滾來、我好事連連來、我確實是有福之人、我運氣真的很好、我正財運旺偏財運旺、我真的很幸運很有福氣、我左右逢源、我把四面八方的貴人金錢好事好運都吸過來、大量金錢正流向我、我工作順利、我升官加薪、我夢想成真、我謝謝你、我敬愛你、我正在接收所有美好事物、好事一直發生、一切是那麼順那麼好、我感謝天感謝神。

我警覺當下！

上面願望積極肯定語，很多立即會有感應與感受，有些願望要一年、三年、五年、十年、二十年、三十年，這樣的安排發生：我願意，這表示我的人生愈來愈美好。

現在就去跟上天實驗上面話語，直到你應驗了它，上天應許了你的願望。積極肯定語用得好的人會年輕得志或大器晚成，若能配合靈魂警覺當下，二者都好，都棒極了！

有智慧的認定自己確實是有福之人，抱著純真和天真的心，相信自己值得願望成真。去把願望積極肯定語用到好極了，棒極了，用到福運臨門、好事一直來。

會喜歡看、默念和小聲說願望積極肯定語的人，就是對這磁吸美好的祕密上手了，對話語的狀態感覺到跟自己匹配、自然合一的人，很快就變成箇中高手——很快就正能量上身。

現在就去對上面願望成真的積極肯定語想著、說著、寫著、看著、聽著、感覺著美好。永遠只聚焦在自己平安健康、富裕有錢、心祥和喜悅、人值得順利成功幸福、運氣福氣真的很好這個感覺上。記得活著要有目標，要用行動和做事去實現夢想，對自己的想法、說法和感受保持警覺、保持美好，永遠都是人生大事！

頭腦是二元對立的構造，所以一定會出現反面的話語、負面情緒與令人害怕的想像劇情來擾亂你的願望肯定語，讓你對肯定語失去信心，阻撓你願望成真。負面性終究會平息消失，也會再度出現，只要你的天性已是正能量愛好者、學習者、開竅者、實踐者，負面性對你的影響就會極小化。

當負面性和恐怖想像情節出現時，記得把一切交給上天或神，耐心等待它的消失，等到心恢復平順時，再繼續說和感受願望成真積極肯定語的能量威力。再次呼籲：在人生相對平順時，就要趁早使用願望成真積極肯定語。在人生相對平順時，就要消化吸收人性真相的知識與道理，由淺而深而廣，別等到困境來時、別等到思想個性僵化定型時，自己慌亂、發怒、焦慮！

人一直餵養給頭腦和情緒感覺的能量訊息，就是自己磁吸力量作用的源頭——每個潛意識、信念、記憶內容生成的根源；這也說明為何人很難改變和創造後天美好命運。重大發現：人後天的命運要好、要極好，頭腦和心就要儲存、運用和感覺好多願望成真和積極肯定語——真相大白。正向思考和負向思維，都是頭腦的產物，大大開竅的人就是會極大化自己的正向思考，讓它成為天性，同時極小化負向思維出現的頻率和時間。當靈體現身駕馭頭腦，思想只會正向或不會有思想生起，等頭腦又變成人體主人，靈魂功能不起作用時，頭腦又陷入思想正負循環的常態模式！

大部分人年齡愈大，愈活負面想法、負向感覺愈會占上風，愁眉苦臉一個接一個迎面而來。

智慧開竅的聰明人，愈活正面思維、愉悅感覺和正向言語、光明希望溢滿人體，笑容可掬、滿面春風——我喜歡自己在人前人後都是神采飛揚的人。

願望成真積極肯定語就是人餵養人體和頭腦的美好養分能量，目的是：讓人與高頻希望和喜悅的能量合一，極大化自己生活和命運的美好，創造和際遇驚喜的奇蹟。

人體是個磁吸體，磁吸美好能量，再綻放出光明希望能量，而**開竅，就是要極大化磁吸美好的觸及率。**

不要再用頭腦爭論吸引力「法則」的效用與否，它就是股人體「磁吸效應」的能量，內展現於外，外由內顯化，去深入看看自己的內在、外狀，現在的美好指數？內外的滿意度？對未來光明希望的期許？它們就是你磁吸效應的結果。

能極大化正向思維和想像美好的渴望，同時極小化負面思維和恐懼想像出現的時間和頻率，正是靈魂漸漸清醒的特徵！

去優化、正向化、靈性化自己的生命素質，再配合磁吸效應的願望積極肯定語，人才會從內磁吸自己想要的美好來到自己的人生上。我們要有錢，更要創造成就，最重要的是靈魂要愈活愈清醒，人愈祥和喜樂，這才是對磁吸效應精髓真正開竅。開竅的人會極大化地運用自己人體這股磁吸美好的效應能量。

正向思考和負面思維都是頭腦本有的功能與產物，智慧愈開竅的人向光性愈強，會讓正向思考在生活中、在待人處事中與正能量合一，同時會把負向思考的傷害減到最少、負面情緒的出現降到最低，這樣的人靈魂清醒程度會愈來愈高。

人的內外「要好」，要「和好在一起」，人就要去對「磁吸好結果」下功夫！

人體是個磁吸體，這對我來講真實不虛！孔子的一切學問皆由十五志於學開始。我十七、八歲就愛上攝取大量光明面的訊息直到現在，這讓我走過人生的風風雨雨，內心依然風和日麗、陽光普照，我就是喜歡讓人體接觸和散發出愛、美、善的正能量。我這樣做的時候，並不知道我在提升自己的生命素質，直到我啟動自己的靈體，一切都明白了！

靈魂愈活愈清醒的人，只管去想、去說、去感覺我分享的願望積極肯定語，**重要的是：一定要跟願望積極肯定語傳達出的美好狀態和語詞涵意同感合一，也就是嚐到那好得不得了的相同滋味。**

先別管願望何時成真？用什麼方式達成？宇宙創生了你，你也可以創生你想要的一切，這是上天賦予你的神能——有福的人都會運用它！運氣真的很好的人，都是充滿樂觀希望的人。

人的問題在於對夢想沒信心、對願望不敢想，望而卻步、想難了想複雜了。「門當戶對」，本來就是你和你的願望要能開花結果、結實纍纍首先要有的共識。

去嚐到願望肯定語的涵意滋味，時時品嚐到的人，就是對磁吸效應或吸引力法則竅門大大開竅的人——你一定會得到屬於你最棒的福分。最終我得到了：嚐到開悟見性這不可思議的滋味，到現在還在不可思議當中！

磁吸美好，這就只是一股自己永遠鼓勵自己的力量效應——自我期許，實現了！

願望成真積極肯定語的力量，是人體健康、人生幸福富有的最佳養分。可說讓人體的感受、感覺與話語的意涵，和頭腦的想法在相同美好的頻率頻道上共同振動，就是願望成真積極肯定語的最大威力。

人愈早這樣肯定自己、鼓勵自己、期許自己、形塑自己、感覺美好——靈魂愈活愈清醒，命運愈活愈美好——好到極點。

好願成真，人極大化人生幸福快樂到百年。

警覺當下，人平安祥和喜樂，靈體與宇宙本體合一到永恆。

現在就去實驗看看：願望成真積極肯定語的力量與驚喜效應。去跟上天做實驗，應驗它，就這麼容易簡單！

祝你：警覺當下、好願成真！

開竅的智慧！當你説著讓願望成真的積極肯定語時：

● 心會同時生起「美好感覺」。

● 想法會對渴望充滿希望。

● 體會喜悅同頻、共振合一，彷彿你所想、所説已然成真。

這表示你用對了積極肯定語的力量，它是人體健康、人生幸福富裕的最佳養分。只要將自己的渴望連結到做的事，就能跟人們和世界產生共好的連結，上天就會如你所願！

14

我就是「神」——我活出神性芬芳

你不是一個人、你不只是一個人。

神，是創造一切萬物的源頭。

人，是創造人生一切美好的源頭。

人與神的同屬性就是創造力，去創造同時領受那如神般的美好。

做，是玩魔法。行動，是奇蹟的顯現，創造力就是神！

開竅的人：會做、敢行動、創造力如神！

當我啟動自己的靈體，我清醒如神。以前，我用頭腦活著，懵懵懂懂卻自以為清醒——現在，我看見無數人用頭腦和情緒在大放厥詞，卻不知道自己懵懵懂懂！

／-◇-／-◇-／-◇-／-◇-／-◇-／

中文的浩瀚和博大精深的意涵，顯示出數千年來演化出的超高智慧！老子、莊子、孔子……不勝枚舉，這些智慧開竅的神人，全都是人類攀登生命境界到極致高峰所孕育出來的人。

孔子的人生以十五歲志在向學，開啟了人生序幕！經過十五年的閱讀，他開始有了高於常人的思想見解，以此積累出的智慧和周遊列國的經驗歷練，讓四十歲的孔子來到不惑狀態，生命不斷開竅揚升的他，五十歲知道了自己天賦使命，六十歲聽到任何話語和聲音都能順心悅納，七十歲更能從心所欲不離道，這樣的人生進程是何等美好的神境界！我十七歲愛上閱讀和聽講人性智慧訊息，三十八歲嚐到靈魂開悟的滋味，對孔子描述的人生階段特有共鳴同感。

人生是一趟進程：活在持續進步的過程裡。
活在進步的過程中，人才有美麗人生、幸福可言。
進步，就是神蹟！別中斷進步，讓神蹟不見！開竅，就是進步，就是思想、情感、話語、行為和創造力無盡頭的進步，進步到昏睡的靈魂被自己啟動、喚醒、結晶——真的是神蹟！

現今的我們，絕對是幸運的一群人，只要能深入萃取各方智慧精華，吸納眾多古今中外卓越之人的生命智慧開竅養分，這樣的神境界，必能發生在自己身上，更能讓它提早發生。古人，要徒步前往找尋領悟生命智慧的高人來指導，一生能找到幾人？現代的我們，只要在電腦和手機下單，無數開悟見性者的白話著作，就會來到你的面前——我就是年輕時從歡喜閱讀人生正向、勵志大道理開竅開悟過來的人。

不惑，其實是老子和莊子的生命核心狀態，莊子曰：「天地有大美，而不言。」要不言就必須先要沒有任何念頭，才能不受頭腦名相、文字標籤所擾亂而說出評斷話語，人才能真正看見和感受天地那無時無刻的純粹大美，也才能夠真的活在不被自己和他人思想迷惑的不惑狀態！這無念而不惑的狀態，被人看到時稱做：實相。在觀看時不生起名稱、標籤文字、評斷，就是靈體的純粹覺察意識在作用。

有次當我開車載著老婆時，問她一個問題：「妳現在看到前方的一切，都表示妳正在親自『見證』地球這個世界，那在妳還沒誕生前是誰在見證這個世界？在妳離開地球後又是誰在見證這個世界？」在看這本書的你有答案嗎？

老婆回答：「是永恆的真我在見證這個世界，不管在哪裡。」

聽到老婆的答案，我大讚：哇哇哇，厲害、了不起！

會問這樣的問題和能回答出答案的人，就是現在已經啟動靈魂構造，正用不生不滅的永恆真我在見證目擊眼前地球世界。會問這個問題和會回答出這答案的，是靈體已經啟動的人。頭腦不會問，也無法回答，因為頭腦活在時間的維度裡，不知道不生不滅的真我是什麼？是何方神聖？

／-○-／／-○-／／-○-／／-○-／／-○-／

十七歲，我用閱讀和聽傑出人士演講拉開美麗人生序幕！我喜歡探討人性心理、生命智慧、商管企管、成功法則、心靈勵志、溝通表達等等和各種哲學、宗教奧義。聯考完到外地念書，有一同窗摯友深受我影響，開始愛上閱讀，我們看著同一本書，他卻能在書中寫下註記和個人觀點，對此我很是驚訝！當時年少的我只能照單全收作者的思想和看法，有些還似懂非懂，更別說要擠出個人觀點，我倆常在宿舍思考、辯證人生，一來一往不覺深夜已至，興致盎然愈辯愈起勁！

多年後的今天，我不僅能在閱讀的書中寫下個人觀點，神奇的是，我竟能跟老子、莊子、孔子一樣著書立說，書寫自己真實又獨有的生命體悟。難能可貴的是，我開啟了覺性意識之眼，跟莊子一樣，在觀看天地大美時能無念而不言，當你能夠觀看世事和萬物，頭腦不生起任何念頭，那沒有任何一字贅言的「道」，老子和莊子的生命境界才會被你直擊親嚐。

天地大美上映了！

永恆喜樂上菜了！

從頭腦用記憶之眼看到：有字幕、有念頭、有情緒反應的螢幕；切換到用靈魂的覺性意識之眼看到：無字幕、無念頭、無時間、無苦受的螢幕。從頭腦看幻相切換到用靈魂看實相的頻道——天地大美上映了、永恆喜樂上菜了。觀照，這兩個字真實意思在此！

我那位同窗摯友，踏進社會後轉向投資領域發展，再碰頭時口中說的全是投資生財之道，在他眉飛色舞、口沫橫飛之中，聽到的都是他如何操作獲利的得意手法，在他侃侃而談的自信之間，已聽不到任何令人震撼讚嘆的人生體悟和智慧金句。但，他得到了他要的金錢，這點也要恭喜他：得到了他想要的。人真的，會得到他想要的——真是奧秘的智慧呀！

「靈魂，就是人體的神。」

神，會回到自己、回到當下、活在現在為自己創造好命好運好心情、為自己厚植眾多實力開創好福氣，人用靈魂有意識地享受活著的每個時光：就是活在神的境界。

人，會怪罪命運、牽拖運氣、指責他人、怨嘆過去、憂心未來，就是不會覺察到自己的頭腦正在想什麼？嘴巴在說什麼？人在做什麼？頭腦對靈性認知層次過低，人往往活出沒有人味和神味的動物味——令自己和他人嗤之以鼻。

在現今這個時代，第二、第三外語是航向世界舞台與國際接軌的首要溝通媒介，這是很多人謀生發展的工具，更是豐富人生必備的技能，我大力支持孩子去擁有多方外語能力。

我的企管研究所學長，專長財務會計，踏入社會考進全球聲譽卓著的外商會計公司任職，後來轉任某國際企業財務長，因表現亮眼被拔擢成為總經理，其間進修獲得博士學位，這真是學以致用的典範，他跟我說：依他的經歷和外語能力，在任何場合都能讓人打從心底地敬重他。人用努力得來的實力——這張履歷表，就是讚！

就覺醒的層面來說，精通自己母語深奧意涵和融會貫通各領域核心智慧，才是攀登生命境界到極致高峰的起始點，這一點適用於全世界所有的人。我很慶幸，老天爺讓我出生時就擁有至大寶藏：中文智慧。

炯炯有「神」、聚精會「神」、「神」清氣爽、心曠「神」怡、氣定「神」閒、「靈魂」之窗、眼睛有「神」、「神采」飛揚、「神色」自若、活「靈」活現、心有「靈」犀、「靈」機一動、「靈光」乍現、「神」來一筆、「靈」感、很「神氣」、精氣「神」、萬物之「靈」、太傳「神」了……這些描述全都跟人的靈魂——也就是人的神性狀態——有關。

靈魂，就是人體的神，就是人體能品嚐神性、佛性、自性滋味的構造。

頭腦無法成為人體的神，只用頭腦活著的人很難擁有上面的狀態，也品嚐不到那神性滋味。對能創造出這樣文字的人，我猜他一定有：如神佛般的真知智慧，同時是啟動靈體使用靈魂功能到極致的人。啟動靈魂功能的人，才能真實領悟這文字意境，人真的太「神」了——我嘖嘖稱奇！

以中文為母語的民族是地球唯一從古至今，被全世界公認沒有消失過的文明。這傳承超過數千年上的民族，為何沒有發展出自己民族的宗教組織？為何沒有一個自己的教主讓人崇拜？在嚐到開悟見性滋味後的我有了自己的體悟！

修身齊家是一個人出生時的天職。天地良心是自己做人做事的意圖和動機依據。上天是人祈福消災解厄的對象。

人法地、地法天、天法道、道法自然，返璞歸真是人活著到終了時的歸宿。人最美的歸處：自然，即是創生宇宙的源頭。

在我的血脈和意識裡總有著：修養自己身心、創造再創造、活出一片天、領悟「道」、回到宇宙自然中，在過程中對得起自己的良心，綻放自己生命價值，跟上天對話祈求。如此美好循環，當然不需要發明出有教主的宗教來替代，有教主的宗教就不是「中」了，就會偏向一極，至於偏向哪一極？就看人類的動物性和利益心了。「中」，即是活出人性全然的美好，「中文、中道」之美，在此印證！願：中道文明永不消失。

現在的我跟所有人還是一樣！只是，當我的頭腦跑出來行使主權，騷亂我的思想與心情，我能用靈體功能來制止它、駕馭它，喜樂我的人生。重點在：靈體功能。

就讀大學的女兒閒聊時問我，我能供給她資源到何時？家庭經濟的安全感對成長中孩子的正向心理起了很大的錨定作用。我說：「我的愛是永遠。」意思是只要我有能力，堅定支持永不渝！接著我說：「人趁年輕時要敢去闖、去達成目標、實現自己的夢想、多方領域的學習與開竅。」人要靠自己的能力、實力去闖蕩人生，才會活出高價值的成就感——用生命價值跟人交換你喜歡的金錢數量。

希望女兒能一再開竅領悟，把自己的人體昇華成磁吸美好的能量體，「有」，富就能代代創造而相傳！希望女兒能持續優化、昇華自己的生命素質，能啟動自己人體裡的靈體功能，這靈體「有」，人就能在永恆裡逍遙地玩！

古諺有云：「不怕人大富，就怕人培養出更有才能的下一代，富者更富。」這指的就是生命素質提升到能磁吸大量金錢、財富和貴人來到人生中——自己也能成為眾人的貴人。

與其說人很難生到會做事業、做生意的孩子，其實人更難生到會終身開竅的下一代。人會開竅，美好就無極限！開竅的甜頭，是我一生的美食，這甜頭我大推給老婆、孩子和你——人間永遠無法被超越的美食料理：知識、技能、智慧、對人性真相大開竅和開悟見性滋味的甜頭。來多嚐嚐吧！

神，是創造一切有形無形的那股力量；如「神」一般的創造力就在你我的人體裡。

我回首自己走過的人生路：從愛上閱讀、聽講，到與人「思辯」人生，再進程到大學授課、演講、著書、經營事業，在不斷學習、教導和扮演多元角色的經驗歷練中，我的生命蛻變了！從人云亦云中，到著書立說；從被社會群體思想污染，逐漸淨化到能領悟所謂的道和真理；從被頭腦思想和情緒要得團團轉，到啟動覺性意識，用靈魂獨有的覺察力活在沒有任何一丁點思想和情緒的狀態，我竟然啟動了比頭腦更高的人體構造機能——靈魂。

蛻變，就是人活出了神性芬芳；蛻變，就是從動物人活到靈體神人的狀態；蛻變，就是從被頭腦用想法使喚人體活到用靈魂的覺察意識駕馭頭腦，讓頭腦要就生出美好感受的想法、要就不要生出任何想法——我正在讓它極大化發生！

蛻變，就是啟動人體比頭腦更高的靈體功能真實發生！蛻變，在我三十八歲發生，在此之前我的人生只是個被頭腦使用的人，跟所有人都一樣。在此之後，我啟動靈魂功能，生命真正開始，我能自主地使用靈魂和頭腦，人體首度有了真正的主人：靈體。

我除了內在能使用靈魂構造功能之外，一切還是跟所有人一樣！

靈體能「悟空」——與天同齊、與神合一！

中文經典名著：《西遊記》，主角是隻美猴王叫孫悟空，有齊天大聖之名，指他的層級：與天同齊。這隻猴王有七十二變的神通法力，這裡有個人生真相的智慧點：猴子正是用來形容人類頭腦的真實象徵！妄念、情慾、欲求以及任何時候頭腦生起的每個念頭，就像猴子一樣，變來變去；互爭當下人體主導地位，總是傷痕累累，正是每個人都同樣具有這猴子野性、獸性的天性本質所致。

面對人體動物本能的慾望與人性多樣欲求的誘惑，誰能適當滿足，通過誘惑？面對人生，要能活下來又要創造美好的種種困難挑戰，誰又能幸福勝出？

這隻猴子被賜予的名字，已經給出了答案：「悟空」。

人生百年漫漫長路，人體裡的慾與欲，在適度滿足的同時，頭腦裡的念頭必須被淨化、美善化、靈性化、空無化，人才有可能極大化自己幸福快樂時光。

誰能志於學踏上尋覓知識和真理的旅程，真正開竅領悟那取得的真經：啟動靈體——悟空，就是他！

頭腦的功能看不懂西遊記的高超智慧點，所以頭腦無法「悟空」。人體的慾望和欲求，全透過頭腦的妄念妄為大鬧人生：傷人苦己。

唯有人體裡的靈體才能真實地處在「空」的狀態，悟到空的滋味。當頭腦愈開竅、領悟愈深愈高，靈體會被喚醒，此時，靈體才能領悟和體驗到真正的「空」是什麼狀態與滋味。

不用探討所謂三界六道輪迴是不是真的，對這些說法我一點興趣也沒有。它只是描述：頭腦思想和欲望永不停息而落入苦受不停或苦樂接續的狀態。當你能啟動靈體而「悟空」：活在頭腦空無一念的覺察裡，你就取得「真經」——取用自己人體裡的「靈體」，你的人生遊記成功圓滿了！

齊天大聖，即是與天合一、與神合一、與自性合一。人從動物再活回到神性般的存在，整部西遊記講的就是：造物主用動物的樣態把你我誕生出來，這一生要來完成取經任務，這任務說的是：啟動自己的靈魂本體，回到出生前或一直存在的生命源頭，那滋味只能用如神般的滋味來形容——人生就是一段與天父再合一的旅程！

天父或神，就是創造宇宙源頭的那股力量或能量，佛陀把一切源頭稱做「空性」，不管誰稱呼它什麼名稱：你我的靈體都會懂——真的懂！

這是我啟動靈體「遇見悟空」後的真實體驗，我用白話把那滋味寫出來與你分享，一起走上從動物人蛻變到神人的覺醒旅程。那西遊記裡「悟淨」角色，講的就是領悟真實純淨的生命智慧，淨化心念、美善心思、潛意識正向洋溢大放光明希望，人體磁場愈來愈純淨美好——一直「悟淨」的人就能「悟空」。

八戒，講的是去做對人生美好和啟動靈體有幫助的事，去對自己的生命素質持續美善和揚升，這比戒律更適合人性，更容易開悟見性。我的靈魂洞見要告訴世界一個真相：戒律會扭曲人性，讓人一生都與自己的動物性本能需求糾纏糾葛——讓人難以開悟見性。這已是個事實真相，頭腦就是會扭曲靈魂洞見的論點！

去學、去做：對自己、對生活、對家人、對人們有益的知識和事情，這就是戒律的最高智慧精髓。去做美好的事，不好的事自然就不會去做，我透過閱讀看到宗教的戒律，現實和人性就是做不到啊！願，一語再度驚醒夢中人！

我靈體的聲聲呼喚：大人們別把年紀輕輕的男女，「強力影響」推入宗教戒律的生活坑道裡，這坑有火。掉入之人：幾人能靈體醒來歡呼？幾人能喜樂與天同齊？幾人能身心靈自由自在活出天賦創造力？算了，誰也別想喚醒誰，就讓命運和天命安排吧！但願，明白人是你。

神，是一種狀態。一種注意看萬事萬物不動念頭又能警覺的狀態。

神，是一種創造力。一種創造出萬事萬物，卻是無形無相無名的力量。

我就是「神」！

單這句話在中文裡可以被形容為：我太棒了、我超級幸運、我真是好福氣、我人生如有神助、我福星高照、我是天之驕子。同時也可說明：我就是那源頭、我擁有無限的創造力、我與那創造一切的力量合一、我自帶光。

神，是創造宇宙一切的無形力量。

這是我最喜歡的「神」定義！因為，位處萬物之首的人類，正是擁有與神同樣的創造力。如果你對這個力量有所懷疑，感受不到它的威力，請你在晴天的夜晚抬頭望向天空，那懸在虛空中無數的星球，體積、重量是如此的龐大，它們竟能懸掛在宇宙虛空中，有的永遠不移動、有的永遠繞著特定的軌道公轉自轉、有的更會發光，這股力量同樣創造了你和我！

人受教育和自我學習的目的，是為了啟動人體天賦神能的創造力；是為了智慧開竅領悟人生各種面向、各種真相；是為了情感昇華出愛；為了幫自己和別人創造福氣；為了靈魂覺醒嚐到當下無念頭生起的神性滋味！可是，教育和自我學習竟然都在教育使用頭腦，讓自己跟神性永遠分開，找不到人生為何來投胎的重要目的之一：啟動靈魂構造，與宇宙的起源能量合一。

神創造了無限豐盛的一切，人是神的兒女自然可以領受這一切的美好，是人類用思想限制了自己的想像，讓自己內外都貧乏。

神性，是一種靈魂清醒覺察的芬芳狀態。

我們「人」正是可以活出神性狀態的高等物種，老子和莊子已為我們做了示範。他們可以，我們也可以。這就是我樂於萃取各宗教的智慧精華，同時也看見那迷信之舉。我非教徒，但我鼓勵現在是教徒的人：去成為祂，不是去信仰祂；去與祂合一，不是去跪拜祂。要去超越你的教主，不然當教徒要幹嘛？

你可以去跟你認定的神或佛祈禱，去吸取萃取各宗教的智慧精華，這點有正向價值，根本之道是：頭腦一再開竅到啟動靈魂功能。

是人，總有願望想實現。

是人，總有需求要滿足。

是人，身體和心理總有脆弱的時候。

向代表更高力量的化身祈求、祈禱是人之常情，我並不反對，有時我的小我也會做。更高力量的化身可以是有形的雕像，也可以是無形的上天。隨著智慧開竅的程度愈來愈高，靈魂慢慢甦醒，我看穿這一切的祈求、祈禱皆是來自「人體我欲：小我」的需求和願望。

際遇，開始於心中的想望——想要又渴望：美好引來美好。

佛像、神像是給人用頭腦我念的欲求：拜的、求的。

假使啟動靈體活在純粹覺察裡，人只會看神像和佛像，不會跪、不會拜，也不會求。

人生的奧秘——人體磁場能量是股磁吸際遇的奧秘。祈禱美好同時感受美好，真的有助於人磁吸際遇美好的發生。

靈體的奧秘——人體裡的靈體功能啟動時，頭腦會無所念、人體會無所求，人感受到平安喜樂如神佛狀態。靈體不會以音聲和色相求佛拜神——這是個無法撼動的事實真相。

喜歡探尋各種宗教智慧的我，為何沒有歸依某個上師或教派成為教徒，這點我自己也很好奇，對以中文為母語寫作覺醒開悟議題的東方人來說，很多邀請我演講的人，對我不是宗教教徒更是難以置信。廣納各方智慧精華不限任何宗教，廣學全球卓越之人的高上智慧，人愈活愈開竅，真理愈來愈明，就是這個原因讓我成為自由身而非教徒，這是靈魂覺醒後我找到的答案。

用靈魂的真我，觀、看會對你笑的佛像、神像，這神對神、佛看佛的滋味，我大推你來嚐嚐其中的奧秘喜悅。你的真我不會有念頭，真我再去看沒有念頭的雕像，奧秘的就是這個滋味和狀態：我看我笑我無念，所以我靜心喜樂！

「覺察到覺察」其它都空無——此時，你快樂如神、心智如佛！

神，用相互依存掌控宇宙星球的運行。

神，用生、滅控制天地萬物的命運，這背後都隱藏著上天廣闊無邊又深不可測的愛！所以老子才會寫出：天地不仁，以萬物為芻狗。對天地永恆運行之愛，只給覺醒開悟的人明瞭。

無形無相的神力，會被頭腦的小我相信而投射出千變萬化的化身，而「相信」正是此一力量的威力。這其中的核心是：到底你相信了什麼？若是正向你的思維和愉悅你的心情，這就會產生助力。若是怪力亂神名聞利養讓你心生恐懼騙財騙色，這就是遇見了邪教和神棍。

每顆星球的命運都建構在彼此的相互依存裡，自絕於相互依存的引力，黑洞是星球的歸宿。同樣的，人類的命運也是建構在彼此共生共好共榮的命運裡，誰破壞了共生共好共榮法則？苦和滅，正在不遠處！

做人做事不良無良的人，就是自己的頭腦相信錯的信念，信念是人的命運——上天對人的信念發生的結果，是有影響力的，這是磁場能量問題，請謹記於心。上天，就是人與人互動的影響效應。上天或神會給人多次改正和修正的機會，開竅者會立即把握機會改掉它，無良非善類之人頭腦紛擾心術不正，活著活著就是不會太好過，他的風光——苦樂苦苦啊。

／-ф-／-ф-／-ф-／-ф-／-ф-／

人類無知的高峰就是「頭腦被催眠了還頻說人生是一場夢」。

在相信與不相信與迷信之間有一條線，唯有終身開竅到有靈魂洞見的人，可以去相信：你的相信。唯有靈魂的純粹覺察意識，能切斷一切的相信和看清迷信。去相信自己的相信，就會有一股創造的力量跑出來，能切斷一切的相信，人才不會迷信妄想——中道智慧的奧秘啊！

很多人的頭腦從不質疑，那充滿迷信與不是真相的修行法門和經文，對那如機器人般的思言行和生活方式的修行，竟能忍受接納，用頭腦加工把世界末日和地獄描述得如此魔幻恐怖，還信得如此入「迷」——人類無知的高峰就是頭腦被催眠了還頻說人生是一場夢。靈體滋味：就是無有恐怖並遠離顛倒夢想的生活滋味。這真相又大白了！

頭腦最會錯誤的相信、不相信「相信美好」的力量、總是在無知的相信，與無知的不相信中「踩錯線」，還自以為對！**靈魂沒有覺醒，哀號是動物的宿命！**

人類本就以動物的樣態活著，動物般的欲望每個人都有，這正是社會「水很深」的原因。有一部分人，活不出靈性的思維和情感，就懷著鬼胎，用詐騙、毒和美色設局他人，讓人身敗名裂。

有句中文詮釋的最好：神魂顛倒或神智不清。這個「神」指的是人體的靈體沒有啟動，每個人的頭腦都顛倒不清，差異只是程度輕或重而已。心腐化之人，就是人體動物野性能量未能靈性轉化而昇華。

「動物，早晚都會咬人；動物，早晚都會被咬。」這兩句中文奧義的智慧是：動物遲早會傷人，動物遲早會被傷；動物隨時都有可能咬人或被咬。遠離神性狀態的人，過的是咬人和被咬的動物人生，我們所處的世界和遇見的人，大都是尚未蛻變的「動物人」，動物才會咬來咬去！

不會使用靈魂功能的人，就只是個動物人，若又只跟「動物人」生活在一起，人哪會不苦呢？這適用於教徒與非教徒——靈魂不太開竅的教徒在教會、在佛門、在道場咬來咬去，眾人在生活與工作中咬來咬去，都一樣！

人生，是一趟持續開竅而蛻變出靈魂的重生進程。

蛻變重生的過程中：

成功、順利、得到、幸福快樂。

失敗、逆境、失去和磨難痛苦。

都是命運要讓人開竅開悟的安排！在生活中、婚姻中、工作中、關係中與「神：靈體」同心同行，彼此共好共榮的人，才是智慧開竅的人！

我走的是對知識、智慧、人性、人生、生命、生活真相開竅之路，我不談靈修、修行、心法、法門、功法、宗教、天國接引 我就是喜歡談現在就開竅、談自己真實獨有的靈魂洞見。

曾經聽過我演講而結識的友人，聯繫我說他的外國上師要來台灣開課，說他的上師在日本已經讓四千多人覺醒開悟，問我要不要來上他上師講授的課程？機會不可多得。這乍聽之下很像是靈性課程包裝行銷手法，已覺醒的眾人們遠在他國，你無從查證，這課程就賣你「外國的月亮比較圓」和覺醒的希望，雖然人人都有覺醒的可能，但出現眾人集體覺醒開悟的現象比較少。

我從年輕就愛上學習和閱讀，就只是喜歡對自己內在的情感、情緒和理性、智慧的提升——加以工作。無法嚐到永恆幸福喜樂的人，從年輕到老就只是對外在的事工作或不工作，不知道工作自己的內在。工作自己的內在，讓我意料之外的啟動了自己的靈魂構造，知道了「我是誰？」的答案，這是我覺醒發生的方式。

我是個「利」用學習和「利」用痛苦，在人生中持續開竅領悟的人——我喜歡這個「利」。

無論在生活或職場工作，對是非、八卦未確定的事，保留不傳播是我的態度。對朋友邀約聆聽他上師的課程，我在心中獻上祝福！希望他的上師是個真實啟動靈體和悟出大智慧的人，願他們各取所需，人人覺醒皆大歡喜！我分享的並不是唯一可以嚐到開悟見性滋味的方法，因為我已明白人人都會開悟見性，差別在誰能讓它發生在自己身上——或許，這也需要老天的美意，老天正透過我傳送祂的美意，要歡喜收下喔！

很多開悟之人在描述自己靈魂如何覺醒時都有一個共通點：人體瞬間發生巨大變化宛如魔幻般情節的事件。這不是我的故事，無論面對多少苦受，我都會想從中瞭解和找到造成我痛苦的原因，我就是喜歡讓自己的情感和理智，在生命中一點一滴持續成長進步，我的開悟見性滋味：就在生活中的開竅進步和啟動靈體功能中被我嚐到。

記住：閱讀和聽講，為的就是創造成就財富，同時讓靈體乍現幸福喜樂。這條適合任何人走的學習、成長、進步之路，我叫它開竅之路！

對無法帶來思想與情感同步成長進步的社交和團體活動，二十多年來，我真的很少參與——我走的是對知識、智慧、人性、人生真相開竅的美好之路。但，也別錯失社交活動的益處：事業、貴人和歡樂，多多少少對人生有幫助。

我人生只有一點令我好奇的事是：在十幾歲時，我內心常常出現一個我不解的聲音——為什麼會有我？自認天資聰穎指數跟別人一樣普通的我，常自問老天為什麼誕生了我，有何目的？直到今日，答案揭曉：嚐到靈魂覺醒開悟見性的狀態和滋味——感恩上天！

我字字句句由己寫書，不知自己寫了幾百萬字？靈思泉湧又改了多少萬字？靈體功能對我的靈魂鍊金句助益無限大——靈魂沒啟動，只用頭腦寫不出這樣的書。

我讀書時期的教授知道我受邀演講，問我：「是不是要靠演說的嘴巴吃飯？」這問題令我深思！說太多話真的很耗元氣，話講太多，人愈處在意識不察的狀態，這就是禍從口出的原因，況且話愈多含金量愈低。這就是為什麼我演講時的簡報比別人多好多，因為我要讓每張簡報把我拉回當下說出覺醒之語和靈魂洞見。

在大學教書和演講期間，我經常製作簡報到深夜一、二點——讓事情更好的做事心態、讓作品更美的做事風格，加快了我進步開竅和覺醒的腳步。

我想靠事業吃飯——有實體的事業。我不太想靠多話吃飯，若是有人對我傳遞的訊息有興趣、想探詢：對成功幸福錢來和啟動靈體功能充滿好奇與熱情、想嚐嚐開悟見性的滋味！讓上天安排我們相遇，讓有此渴望的人跟我際遇美好，這是我開竅的答案！

我受益於眾多領域學有專精之人的口才經驗分享，社會需要他們，也要感謝他們用話語教練他人、授以術業、幫人成長、解決難題、創造贏局。

師者之所以傳道、授業、解惑者也，對學有專精、開竅廣博之人，真的值得聽聽他的建言。真金不怕火鍊，真正的智慧是要知道：除了自己學習之外，用心「教人」才會讓自己的功夫來到上乘境界！教人者，邊教、邊學、邊進步，向上循環，這是「卓越誕生的搖籃」——更是我的真實體驗！正因為在大學教書、對外演講和在商場上經驗歷練，我的進步幅度才會那麼地大！

「神人」的養成必然建立在：終生海納百川眾多「對的內容」，對的內容就是真相內容「它會讓你對那竅門、訣竅、祕密開竅、一直哇哇哇不停」。切記：人生要活得美、活得好，就要擁有「能為人師」的高超技能和智慧洞見。能為人師——就是讚！

你不是一個人。

你不只是一個人。

神會幫我福佑我，天會助我賜福我，去用這樣的意識活著，活在「我就是神」的意識狀態裡，這是靈魂甦醒後，人的意識狀態——啟動靈體，歡喜悅納「自己的靈魂就是神」！

你不是一個人。

這句話道盡了人性多元面向的智慧：

你有可能活出小惡魔，生活跟人難相處，個性讓人窒息；你有可能變成大惡魔，比禽獸還壞。所以，你不是一個人。

你需要其他人助你活著、助你活得美好，同時其他人也需要你幫助他們活著、活得更好。所以，你不是一個人！

你有宇宙的愛讓你活著，有神力在幫你，天官賜福給你好運連連，招來滿滿財富和眾多貴人成就你的豐盛美好。所以，你不是一個人。

你被神所造，你也是神！你持續對更高智慧和真相開竅，你來到無念不惑狀態，你聽到任何聲音和話語皆能讓它順暢流過，不糾結在心裡，你看世事萬物不受名相、標籤、概念所困。所以，你不是一個人。你可以與神合一，你是神——我是神！

神，是創造宇宙萬物那力量！那「無法被頭腦知曉」「只能被靈魂察覺到的力量」！

你可以用靈魂跟神合一，所以你也可以是神。我就是「神」，這中文有雙關意涵——我有如神般的助力和創造力；我的靈魂功能啟動，頭腦的小我消失，真我活在永恆喜樂的神性滋味裡！對「神」這雙關語的意涵，你開竅了嗎？對造物者這神乎其技的創造人類靈體，我直呼太神了！

你是誰？我就是神！在念頭生起之前，我就在那裡、我嚐到了那個沒有任何念頭和想法生起的神性滋味。後來，念頭和想法一直生起、一直變、一直來來去去，於是我又變成了人之動物的樣態。

我就是神，神趕走了小惡魔、大惡魔，用愛和智慧為自己和別人創造福氣；我就是神，我活在無念頭的內在平靜喜樂空間，這裡才是神人之家！這不會是聽一場講座，皈依一個上師，相信一個宗教就可以達成的生命狀態。誰能從「人味」蛻變到「神味」？誰能從「動物人」蛻變到「神人」？志於學而「工作自己內在情感和思想」持續開竅揚升的人，將雀屏中選。

再強調一遍：我就是「神」，這個神指的就是自己巨大的創造力綻放出來，以及自己人體裡的靈魂覺醒開來，同時被自己輕鬆自然的使用，這就是人所能活出的至高狀態——神性狀態！

「我就是神。」這話別跟人們說、別跟豬隊友說，別多話了！在自己的意識中活出「我就是神」，別跟人們說：「我就是神。」因為豬隊友會用話術到處招搖撞騙。

「我就是神。」別用這樣的角色，去面對任何人。因為，你最高只能用靈魂構造的覺性意識品嚐神性、佛性的滋味，任何人在地球的樣貌就只是人，皆平等無差別，別玩起人跪人、人把惡魔捧成神佛的戲碼，那是邪教置入的邪門教法——到處都有。

「神」是股創造宇宙萬物的奧秘力量，超乎人類能想像的範圍。這股力量會透過他人和任何方式，讓你際遇美好——你只要負責把自己的心思和意圖動機的磁場，用終身學習和開竅把它「喬正喬善」就好。

若有人打著神佛旗號在集資、集人，這對我來說就是別有用心之人會做的事，「項莊舞劍，意在沛公：利益自己而已」。別論辯，這靈魂洞見，否則又落入對、錯無解的迷霧之中。

做，是玩魔法。行動，是奇蹟的顯現。創造力就是神！開竅的人會做、敢行動、創造力如神！

你不只是一個人。在你的人體裡有一個靈魂構造，當你能啟動祂、喚醒祂，你就處在與神合一的狀態裡了。與神合一，是某個宗教最常講的話，當我對這宗教的信徒講我們真的可以活出與神合一的狀態，這些教徒竟然跟我說：別亂說或別自誇。人們打從心理就只想仰望神來救贖和賜福自己。問題是：啟動靈體功能來與神合一，才是當人最大福報與救贖！這次我要來吶喊一下：「老子啊，『道』真的很難『道』，很難讓人順耳、很難讓人入耳呀！」我心哈哈笑著……

我就是神，所有一切皆是神，因為源頭同一，開竅到極致的人會活出這樣的意識！你活出了嗎？你內心對人的敬意善意與靈魂祥和喜樂心境，會告訴你，你活出了多少神性？

感謝天！感謝神！感謝人體裡有靈魂的功能構造可以讓人啟動——讓人，神性綻放，與神合一，太神了！

人問：「神」在那裡？

我說：當你啟動自己人體裡的靈體功能，「神」真相大白！

兩千零貳拾伍年以前，有聖者和覺者說：創生宇宙萬物背後那股力量，那力量「不是這個也不是那個」，所以稱它為「道」，永生永恆是宇宙源頭那力量的本質。聖經說：太初有「道」、是「道」完成了人體肉身。老子說：「道」為萬物之母，此「道」難說明白。佛陀說：宇宙源頭那股力量無形無相、不增不減、不垢不淨、不生不滅，只能用覺性來觀照和覺察。

上天＝上帝＝主＝天父＝道＝宇宙源頭。

天父、聖子、聖靈，三位一體。啟動靈體功能的人，就是「聖子」——也就是神的兒女。聖子能與天父合一，前提就在靈體功能的使用與否，靈體覺醒的人就能與天父和神合一，就這麼簡單！

啟動自己的靈體功能——用靈魂純粹覺察意識，在無念中覺察到宇宙源頭那股無形力量而與上天、上帝、主、道、天父合一——啊哈！「不是這個也不是那個」，我用白話讓二千多年來那些聖者與覺者講的宇宙源頭之謎，真相大白了。

聖經說：上帝用祂自己的形象造了人，講的就是人體裡有聖靈、也就是靈魂功能，可以結晶、啟動、使用——這跟我的真實體驗一模一樣。活不出「聖靈」的人，就是靈魂功能被自己的思維和信念給關閉了，靈魂沒有結晶，鬆散在人體裡，不起作用，此謂：芸芸眾生、迷途羔羊。

聖經的重點是：上帝把「神聖靈魂」設計在人體裡，經文就是要人去啟動靈魂功能，這就是復活而永生——「聖靈」誕生的意思。

在老子的教導中我們無從得知：人要如何領悟到「不可名說」的「道」？要怎麼覺察到「道：宇宙源頭那力量」的狀態和滋味？

佛陀講一切有為法：如夢幻泡影、如露亦如電。佛陀給出人應對人生的答案是：正見、正精進、息見、息慮、用覺性覺察和觀照。佛陀那個時代無法講出：終身學習、終身在人性多方領域深廣開竅，佛陀更沒有講出靈魂功能或本心功能有那些功能？在生活中要如何使用靈體功能幸福又富有的活著？要怎麼去啟動靈體功能的具體有效作法，佛經古文沒能說明白，只讓弟子各自去意會——搞得二千多年來信徒們，愈修頭腦越執迷、愈疑惑，愈修愈無法開悟見性，人生了無光采亦無神采。

二〇二五年後的今天，我用靈體功能，把老子的道、佛陀的佛性、覺性、聖經的聖靈和神性用白話寫出：人的真實可以與道、與天父、上帝、神、與佛性合一，真真實實的人可以在這個當下嘗到那福樂、安樂、喜樂——靈魂永生永恆的滋味！僅用自己頭腦的思想去理解、去相信：老莊的道、聖經福音、佛經的人，一生就是活不出自由自在、一無所缺、至福喜樂的靈魂天堂極樂滋味——準，太準了！扯的是，拾人牙慧的傳教，一般人的頭腦最「迷」這一味！

人對滅苦、對創造美好、對活著就喜樂，要上手、要拿手，唯有使用靈體功能才會有自己的根本解！

數不清的人在讀了、聽了老莊的道和聖經、佛經後，都在問：然後咧？我要隨時就能「福樂、安樂、喜樂的生活滋味」，要在哪裡尋得？要怎麼品嘗到？——從我的書去開竅尋得、去開悟嘗到。二千多年來人類真相進化的高峰，智慧匯集就在此書《終生開竅的秘密》。這書裡的文字有「光」，就等你開竅吸收、再綻放你的光！

進化吧！是去啟動自己的靈體功能，用如佛心智、像神喜樂的活著，不是停在頭腦迷思和情感執迷於某個教主或法門——信仰一生，不得解脫，不知永生永恆喜樂是何滋味？

上天真的很神！宇宙源頭真的很有力量！

你和我真的可以「與神合一」與「宇宙源頭合一」——啟動和使用自己的靈魂功能，終身開竅福樂永生。感謝上天，把靈體功能設計在你我的人體裡，讚嘆啊！謹記：你的愛，就是自己和別人的神——神就是愛！

15

女人、男人終極的幸福

享受「啟動靈體功能」出現的高光時刻！

當人熟悉地球的一切，他已流連忘返。當人執著人生的一切，他已不想放手。人還沒來地球當人前，或許也對出生前那個地方流連忘返、不想放手，所以每個人出生時都在哭，這或許不是或許！

人體是個磁吸體：我思，所以我在「創造」。我開竅，就是為了讓美夢成真，嚐到那無比豐盛富有的滋味！

人體裡有個靈體：我無思，所以我頭腦裡的聲音寂靜了，我開竅到啟動人體的靈魂構造讓純粹覺察意識起作用，就是為了讓頭腦裡的美夢和惡夢皆消失，活在當下無念不必言說的永恆平安喜悅裡——這是女人和男人一生終極的幸福！

老婆嚐到靈魂覺醒的滋味後，說還好有嫁給我，也提及若有下輩子，還要繼續跟著我一起走上開竅覺醒之路。對此我感到無比欣喜，我的好終於被老婆肯定了。

對老婆提及的話，我沒有具體答案，我問她：「你的覺性意識在你人體綻放了，你的靈體已甦醒啟動，你已經嚐到那能解脫肉身之苦的『神性滋味』，再來走一趟人生同樣的經驗有何意義？」這沒有答案的問題留給老婆深思！

我跟老婆說：「人生和生命，覺醒才開始！啟動靈體不是生命學習的終點，反而是個起點。」

靈體跟頭腦還有一大段的拉扯，頭腦不願放棄主宰人體的最高權力，所有覺醒的人都要面對覺性意識出現的頻率和時間的長久，因為面對頭腦這一構造，你一失去覺察，它馬上開始自動聯想或胡思亂想，又回到靈魂沒有覺醒的樣貌。

這就是為何我用「極大化」幸福快樂時光，不是用「永遠過著幸福快樂的日子」來形容開悟見性後的人生。因為，頭腦還是會趁靈魂不察時，跑出來發號司令，等靈魂覺察到時，你已經被頭腦苦樂波浪操弄一段時間了。

覺性意識是否能不再被頭腦搶走主位，這需要我們持續啟動靈魂功能生起覺性意識來驗證它的可能——人體存活需要的滿足與靈魂時時刻刻全然啟動，我要讓它們圓滿運作：我仍在加油中，老婆也是。

十多年來我一直努力讓靈魂真我替代頭腦小我成為人生主秀，我發現靈魂愈用愈活躍、愈容易啟動，比起三十八歲剛喚醒靈魂，現在靈魂洞察的深度和時間出現的長度，已非當年可以比擬。

十多年前，靈體無預期被我啟動時，我只能嚐到那短短幾秒的永恆喜樂滋味——頭腦惱人念頭很快跑出來干擾，拿回人體主導權。

十多年後，靈體愈用愈熟練、出現愈頻繁，現在我已經能進入品嚐「小時」以上的開悟見性滋味——還在延長中！

從十七歲愛上學習到三十八歲的某一天，我讀到一句話，用我的話詮釋是：「去看或去聽，不讓頭腦的任何想法、文字、名稱和概念介入此刻，純粹只有看或聽而無念頭生起，停在那感覺中。」我當時不知怎麼地不停自我嚷嚷，我感覺到了那最高的真理答案，生命終極實相的面紗被我掀開。我打開自家後門，那裡緊臨著高聳參天的營區，我看向樹木停在無念的感覺中——我啟動自己的靈體：嚐到開悟見性的滋味！

之後有一段滿長的時間，我的靈體大都只出現短短幾秒鐘就消失，頭腦馬上就出來行使主權。當時我總是疑惑著：「就這樣？」人生那號稱終極的答案就這五秒七秒鐘，數千年來被歌頌、被追尋、被籠罩著神祕面紗的神性、佛性、自性，那價值就這幾秒鐘？

神祕面紗消失，真理真相答案浮現：我的靈體從幾秒的短暫現身，到幾分鐘的停留，現在開始進入能以小時計算的神性狀態，這段路我持續開竅領悟走了十多年，現在還在持續體驗中……

覺醒開悟真的無法被頭腦想像，跟人類想的真的不一樣——奧秘啊！

啟動靈魂構造，使用覺性意識可以被指導，只要你有智慧根底和際遇到真正覺醒開悟之人，有這樣的福氣，機會超級大。

喚醒靈魂可以被指導，但開悟的智慧，沒有人可以給你，需要自己永無止境的開竅領悟，智慧沒有盡頭！

我是透過聽講、閱讀，加上自己從生命的真實經驗歷練中領悟、理解、覺察、實際體驗、持續開竅成長而啟動靈體。老婆有很大的可能是因她的智慧根底，和其他緣分助力或我的指導而覺醒，也有很大的可能是：宇宙讓我娶了老婆，才讓我們先後覺醒——誰知道呢？

覺醒的狀態和滋味，我和老婆嚐到的都一樣，唯一不同的是個人開竅領悟的知識和智慧運用到生活上的不同。但願老婆能把「靈體的覺性意識」注入到人生的各個領域之中，在生活的各個面向都能極大化自己的智慧和快樂，極少化自己的無知之念和痛苦！

/-ǫ-/-ǫ-/-ǫ-/-ǫ-/-ǫ-/

我不會把自己定位或說成：自己是個覺醒開悟的人。

我真誠的說：我能隨時啟動靈魂功能活在覺性意識狀態，和品嚐開悟見性那如神般喜樂的滋味。因為，我有結婚有孩子，所以我仍有動物性和社會性需求的小我要面對。

跟小我和好、與小我創造美好、讓小我消失、應對小我的魔考。這小我，主要是頭腦的我念、我感，還有他人的小我，這仍是我人生永遠的考題！我老婆也一樣，任何人都一樣——幸運的是只要靈體啟動，頭腦我念就不會作怪作壞了。

老婆在和我戀愛交往時，我會跟她分享好書，老婆不僅認真看完還用電腦打字做成心得筆記送給我，愛情的力量真是強大，只不過這個好習慣婚後的老婆沒能持續維持。老婆婚前曾教過電腦，這對我幫助很大，我也學習老婆把看過的書用電腦打字做成自己的學習筆記，隨時溫故知新，這習慣我維持了好多年，我因此練就了打字功力和收獲滿滿的智慧錦囊，這做法對我日後教書、寫書、出書和啟動靈體貢獻巨大。

在婚姻生活中，我經常表達希望老婆培養閱讀智慧之書的好習慣，還常推薦她我真心覺得很棒的好書，我的目的是：正能量的生命智慧之書可以療癒心理也可以解決人生遭遇的問題。我觀察到很多人都不樂趣於學習，不喜歡閱讀智慧文字，更不喜歡理性探索人性傾向和論述生命之道，這也就是大部分人為什麼失去覺醒開悟的可能、無能解決自身問題和讓自己的潛意識藏污納垢——自己的情感和理智不在進步中、不在正向美好中，幸福的點就會永不到達！

能親身活在「靈魂空無一念」的覺察狀態——人生精彩可期、生命獨美亮點必然綻放。

老婆以前對我看的書大都覺得太深奧、看不懂所以毫無興趣甚至排斥，有時還會提點我說：「老是看一些『無用』的東西。」創造力是「有」的源頭，「有」又來自頭腦開竅的思維和靈魂的靈感洞見共同生成而「有」。富有又幸福，只給能用專業技能和創造力創造財富同時能品嚐到「靈魂空無一念」狀態滋味的人享有。

這看似無用的靈魂無念狀態，竟是靈魂洞見和靈感創意的搖籃——這下老婆知道「空無一念」是人生至寶了。

當今世界已來到終身多方開竅的時代，任何啟動自己靈魂功能的人都能超越任何教主、哲學、卓越之人的人性論述——但願，我用此書證實了這個可能性。

無法啟動自己靈體功能的人，他的頭腦必然會「愚、痴、迷」一生。用這樣的頭腦談開悟、談神性、談解脫痛苦、談極樂、談臨在永恆、甚至是談幸福人生，真的都在亂談一通！

靈體功能就像翅膀之於鳥；創造力、創作力、靈感創意就像大海之於魚。鳥沒了翅膀、魚沒了大海，怎能活出精彩價值？只會宣說人生都是夢，一切是一場空的人——生命毫無獨美亮點。

用頭腦活著，人生就是一場夢，修行夢、功名富貴夢、愛情幸福夢，都是夢。差異只在美夢和惡夢的時間長短！

從夢裡醒來，對頭腦來說談何容易？頭腦就是做夢者。頭腦會用念經、持咒、佛號做夢，看到這裡很多人的頭腦開始強烈反駁或反感，我答對了吧！頭腦在做爭論對錯的夢了。

頭腦總想用權力、工作、金錢、功名、宗教或修行來做幸福一生的美夢，沒有同時啟動靈體，想得美，就是做夢的結果。

以前老婆在面對無話題時，小我都會嚷嚷：要我講個笑話來聽！啟動靈體的老婆，已能開始獨樂於空無的寂靜祥和狀態中，多奇妙的靈魂功能！

現在的老婆，對我大大推薦以前感到艱深難懂的書，她已較能通透領悟，有自己獨有的真實體驗，對此我像做夢般直呼：「不可思議！」原來，美好際遇需要上天和時間的安排。當我目擊老婆拿著我看過不下百次的書在閱讀——我見證了神蹟與奇蹟！但，老婆終究還是表明，在看過一些書之後，她還是喜歡聽我講的震撼力道！可喜的是，當我拿充滿智慧光明希望能量的書，老婆還是樂於閱讀，因為我跟她說：人的潛意識要真善美無止境的揚升一生。

啟動靈魂功能，覺性綻放的老婆已判若兩人，每每能說出高超的人生體悟，對這股覺性意識綻放出的大智慧，我驚呼不已。老婆說：「人的頭腦裡有太多垃圾需要清理，人才能專注當下『用純粹覺察意識』享受正在做的每件事，這才是真正的幸福。」有意識的享受自己正在做的事，這幸福的定義由老婆的口中說出，我也是開了眼界。有意識＝純粹覺察＝覺察到覺察。

在嚐到真我那「無苦念、無苦受」的平靜平安狀態和舒服自在滋味，再對比那頭腦的小我，那苦念、苦受不時跑出來，老婆說：「如果能早一點靈魂覺醒，那該有多好？」我說：「花開，就是好時節——來，讓花兒時時綻放！」

很多人說：成功要趁早！

我說：只要成功是祝福，到來就是好。

我閱讀的書何止老婆百倍，但知識若無法為人生的美好效力，書讀再多也枉然——為人生美好效力正是對好書開竅的價值，人們常嘲弄平時很會讀書、很愛看書的人是書呆子。

我的書不會讓你變成呆子，會變成智者與富者；看書就是要讓自己從書中開竅出能力和智慧。在聽講中、閱讀中，自己的理解力、領悟力、觸類旁通與融會貫通的能力日益揚升，這書開卷有益。看對書的人不會是呆子，看錯或不看的人很可能是呆子——人性智慧之書，讓我綻放神性芬芳。

挪威畫家——愛德華・孟克有張圖叫《吶喊》。描述的是人的存在性焦慮，這呼應人類頭腦喜歡在現在胡思亂想、恐懼焦慮、鬼扯瞎扯、與人對立結怨、機器般的做事和反應，失去覺察任命運和苦樂玩弄。只要靈體覺察功能啟動，人的存在性焦慮就消失，吶喊的人，變成靜心喜樂的人——這下你明白，我為何對靈體大做廣告了吧！吶喊，是頭腦裡負頻思想在發出痛苦的呻吟或哀號，我下這定義夠傳神了吧！

生活的美好是創造出來的——有創造生命美好的本事，人就不用「吶喊」。

事情和問題是要被解決或被接納的——頭腦想的都是阻礙和障礙、悲觀、病痛，人就會「存在性焦慮」。頭腦常想：有機會、有希望、有驚喜、很幸運、好有福氣，人就會有「存在性快樂」。

在積極創造美好、處理事情、解決問題中，人要練就用靈體功能安適自己，讓人體全然放鬆、頭腦思想全部淨空——把吶喊轉變成寂靜安樂！

身體，百年一生——生活要極大化幸福快樂時光，就要會用頭腦「念念美好」的功能。

靈體，不生不滅與宇宙同在——生活要親嚐永恆喜樂滋味，就要用到靈魂純粹覺察功能來關閉頭腦「念念不停」的功能！

當我跟老婆描述覺醒的狀態是：把高強度的覺察力、注意力、警覺力留在人體內，我常常會停在心窩處，有時感覺是在眉心或腹部位置。老婆說她能跳出身體外——當然，靈體就是可以跟抓不著的空氣和宇宙虛空合一。

覺醒狀態就是把高強度的注意力留在人體時，注意力的感覺不能鬆掉，要同時看向你正在看的東西，也就是人能雙向同時意識到這股注意力，停留在自己人體裡和看的客體上，沒有念頭和想法生起，只有警覺、覺察，此時就是靈魂功能在作用。

當我用話語詮釋時，老婆竟用手掌比出了一個手勢：大姆指朝著自己，中指朝著客體，食指朝著上方（如左頁圖五）。說就像這樣，每根手指都代表著自己高度覺察的注意力，也就是純粹覺察和純粹警覺，多方放射出去又能被自己全然的注意力覺察到、警覺到。

所謂高強度的注意力、覺察力、警覺力，就是強度大到沒有任何念頭會生起，這也被稱做覺性、神性、佛性意識、純粹意識、純粹覺察，這是靈魂構造啟動時的功能。老婆比的食指，正是人們常說的靈魂出竅，其實它只是：靈魂被自己純粹無念的覺性意識覺察到，也因為這個超出人體外的覺性意識功能，才會讓開悟的人說：「你的身體不是你。」覺性意識能在身體外作用，正表示人的靈體可以跟宇宙源頭的本體合一或同一，這正是初嚐這滋味時，我驚嚇到無法言語的原因。

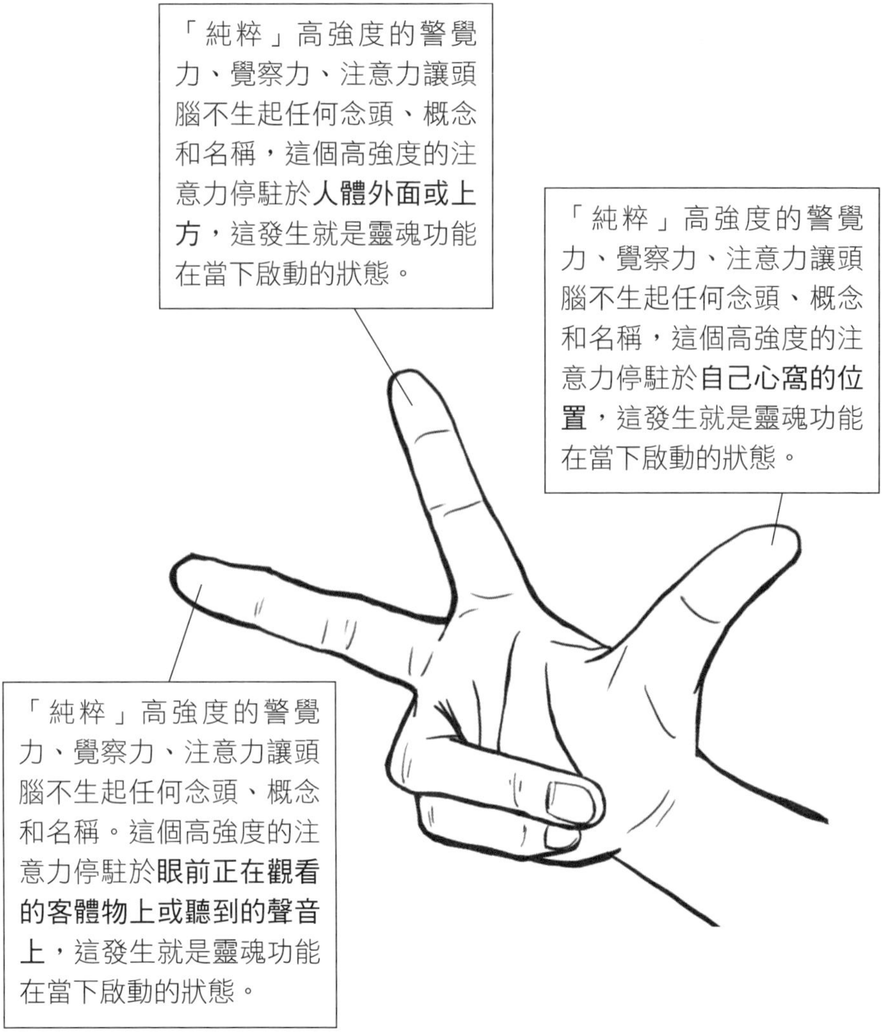
「純粹」高強度的警覺力、覺察力、注意力讓頭腦不生起任何念頭、概念和名稱，這個高強度的注意力停駐於人體外面或上方，這發生就是靈魂功能在當下啟動的狀態。
「純粹」高強度的警覺力、覺察力、注意力讓頭腦不生起任何念頭、概念和名稱，這個高強度的注意力停駐於自己心窩的位置，這發生就是靈魂功能在當下啟動的狀態。
「純粹」高強度的警覺力、覺察力、注意力讓頭腦不生起任何念頭、概念和名稱。這個高強度的注意力停駐於眼前正在觀看的客體物上或聽到的聲音上，這發生就是靈魂功能在當下啟動的狀態。

使用靈魂功能活著：純粹覺察、純粹警覺、高強度注意力，或稱神性狀態、佛性狀態、覺性意識等等，「同時」雙向或多向作用的狀態圖。「純粹」就是當下沒有任何念頭、文字、名稱、概念加入和介入人體反應的感覺！

圖五：老婆靈魂功能啟動狀態圖

嚐到的人，就懂、就見性了！原來宇宙本體和靈魂本體是同一狀態——人體真有永生、不朽、無老、無死的能量體，等你來啟動感應！

對老婆比出的手勢，我拍案叫絕嘖嘖稱奇。我說：「對，這手勢比的太貼切太傳神了！」而且是「多向覺察」狀態，老婆果真懂那靈魂構造覺醒的功能運用。

人的誕生來自於創造宇宙那看不見的力、元素或能量，人體只有靈體能覺察到這無形無相的宇宙源頭狀態，所以靈魂才能與神合一。覺性意識的神奇功能，就是能在人體內和外同時覺察到宇宙源頭那抓不著、看不見卻又永恆存在的狀態能量，讓人喜樂未央——這感覺，你不想嚐嚐嗎？

／-○-／-○-／-○-／-○-／-○-／

別在離開地球前，還無法啟動自己的靈體功能。

很多瀕死的人被救活了，回想起來都說當時自己的靈魂意識已離開身體，在空中看著很多人手忙腳亂的搶救他，自己的意識卻是喜樂無比，這事若屬實剛好說明人體裡真的有靈魂構造，只有智慧持續開竅的人能啟動祂，現在就啟動靈魂功能，別等到離開地球讓祂跑掉了，可惜了這一生。

人的頭腦和情感，總是放不下愛人、親人和自己人體的消失，更有很多人不甘放下功名富貴，只有靈體能放下和通過這人生最大的考驗，這是當人最大考驗——我是人。

不被界限所傷，人體靈體展現神威。

野性發作的頭腦，總被自己或別人設下的界限傷透了心。

頭腦：有界限且狹隘又常設錯界限，誰踩到它的界限，爭吵傷害跟你拼到底就是動物伸刺模樣，所以苦不停。

靈魂：界限廣大，能如實接納和包容現狀，更會轉化窘境、化解尷尬、重塑情境、會改變好現況、會喜歡生命素質美善的自己和高頻能量的他人。在地球的日子，人就是要一直開竅到啟動靈魂功能，這是男人女人最能極大化自己幸福快樂的解脫之道。

靈體的本質是光：明亮繽紛！

婚前工作上班的老婆很會裝扮，總把自己打扮得漂漂亮亮，眼睛炯炯有神，笑容很是迷人，這有神的眼神可能是老婆覺醒的潛質，走入婚姻生活的老婆經過多年的磨合，比起她婚前模樣，精氣神有點暗淡無光。

當老婆清除掉自己頭腦裡的垃圾念頭，綻放靈性之美時，青春氣息雖已不在，卻開始散發出另一種深度的美感，多了點「神采」，這是人靈魂甦醒之後顯現的光和美。老婆的眼神竟又亮了起來，雖比不上年輕時，但已亮了，對老婆現在活出的生命質感，我歡喜讚嘆！這只是我自己個人感覺，畢竟我才知道她的轉折與變化，我和老婆看起來跟大家都一樣——不能再自誇了。

美，由靈體綻放，靈體會希望人內外皆美，這是來自「心的訊息」！

別濃妝艷抹、別穿戴怪異就好，美麗自己、悅己悅人，以美為師——這是我的靈魂洞見！

如何讓臉上和內心常保光與美的顯現，正是靈魂真我和頭腦小我，誰佔上風的爭奪戰，靈魂的真我展現在臉上，那光和美就在，理當如此。當頭腦的小我想法在張開眼睛時無法被靈魂停息，人的負向情緒和話語會時常顯現在臉上和嘴上，烏雲罩頂，人愈活愈暗淡無光，理所當然。**靈體清醒程度過低的人，大都是臉上無光的相，街上很多，新聞和影片裡更多。**

人內在散發出的思想和情感能量——就是會被人感覺到。

人內在靈體散發出的祥和之光之美——一定會被自己或他人感覺到，只是人們不知道那感覺是來自你的人體，這好玩呀！

現在的你若被人生各種角色和考驗折磨的不成人形，活得沒有福氣喜樂，那表示你頭腦裡裝填過多垃圾，垃圾讓你無法創造想要的美好又無能覺醒開悟。解決之道：唯有去把潛意識變成高頻訊息的儲藏庫，你才能清除頭腦裡的垃圾——

終身學習與開竅，才能把頭腦裡的垃圾精煉成黃金和鑽石。

警醒：很多人的頭腦裝了很多信仰垃圾，一生無法開悟見性！

警醒：是什麼創造了宇宙？這答案沒有人知道，任何教主都不會知道，不要再談會有救世主來地球，你的靈體就是你的救世主。

警醒：沒有「末法」這種時期，這違背現在心不可得、宇宙和人類一直在持續進化中的真相。

在歷史長河中，每個時期都是多數人頭腦昏睡，少數人靈魂覺醒，所以現在的你和我都有可能開悟見性——進化真相在此！

任何人除了內在靈體的進化誕生之外，對外在科技與科學，對人類研究出的新貢獻同樣要善用，新知則要學習開竅——內外同進化，才叫般若智慧！

人與自己與伴侶與身邊人們要如何幸福連結在一起？

答案是：金錢和優美的生命素質，因靈魂綻放而成功幸福和諧在一起！

當老婆「用靈體處在全然覺察」狀態時，她感覺到的是無比平靜祥和舒服，同時她感到很奇怪：怎麼沒有興奮快樂的感覺？我啊哈一聲跟她說：「只有頭腦和身體的欲望被滿足，人才會感到興奮快樂，在滿足過後或得不到滿足，人就會痛苦，這是頭腦主導下的人體感覺和大部分人的人生——苦樂相隨——追求快樂、接續痛苦。」

我接著說：「妳感到的平靜祥和舒服是用靈魂活著時的滋味，被開悟者稱做平安喜樂、寂靜喜悅、清淨自在、沒有任何苦受、沒有時間感、空無自性、如佛心境、神的國度。沒有人稱它是快樂的滋味，因為快樂包含著一時的快感，因人事物變化不定，快樂跟痛苦輪著翻面，而靈魂是永恆不變的平靜喜悅。」老婆說：「原來如此！」

老婆說：如果夫妻能同時用靈體的純粹平和之感對待彼此，那就是真實的「神仙伴侶」——真的，我點頭！

把平靜喜悅稱做快樂也可以，因為有些開悟的人稱它為極樂，也就是快樂時時在，不需要被文字名相綁住。小我就是被頭腦裡的文字、名稱、外相和人體欲望束縛玩弄一生，小我就是「你口中的我」。你的我和他人的我，又彼此束縛玩弄傷害彼此的小我，到底有完沒完。

生命洞見

靈體的功能

在我閱讀開悟之書中，有人提出一個練習：講話不要說「我」這個字。這個練習正是要人訓練靈魂覺察力，因為頭腦早已昏睡不察，不停地說：「我我我。」唯有啟動靈體才治得了、關得掉頭腦那隻潑猴雜耍戲碼，停息以我當家的「苦樂苦樂」生活劇情。

現在，請你聽我指揮！

請你高度警覺起來，看著眼前某個物品同時保持高度警覺狀態，警覺到不動心、不動念，才算成功，這就是靈體功能：用純粹覺察活在無我念又無苦受生起時的靜心狀態。

我說靈體、即非靈體、是名靈體。

靈體的功能被我使用時：愛的靈性情感與行為、人性真知洞見、覺性（純粹覺察意識讓頭腦不生念頭、心不動情感和情緒）、人體處在永恆喜樂祥和之境之感……這些會出現，被我活用在生活裡，這些功能來自何處？「我不知道。」我只知道它比頭腦更高階，它能駕馭頭腦，所以把它用人人都知道的名稱——「靈魂」或「靈體」來稱呼。

這靈體功能我啟動了、用了，我的人體真的有此功能，所以我寫下：「我說的靈體並不是真的叫靈體、只是用靈體這個名稱來稱呼我使用的靈魂功能。」這寫法，在我嚐到開悟見性後，真相大白——佛經，有很多同樣的智慧描述，我用靈體把它活出來了……開竅真是無極限！

覺醒開悟跟人們想的不一樣，人們以為神性、佛性綻放了，見性了，一切都懂了、什麼都會了、從此過著幸福快樂的日子，這是沒有覺醒開悟的人最大的誤解。

曾經有出家的宗教人士，我問他教育孩子之道，他給了我一個咒語念誦，因為他沒有教養孩子的具體經驗和知識可傳授。

這個真實故事有一個智慧點：如果你真的開悟見性了，但你開竅領悟生命各種角色和經歷的實用知識與智慧太少，你仍然無法說出或寫出包含人性各種面向的珍貴經驗之談！你能助人的層面，相對不多。

無用的聖人，指的是他說的、教導的，對人生各種面向價值貧乏，難用、不實用、不能用。可見對人生和人性「多方領域」開竅開悟，是多麼重要！

現代人若用古文式的文言文在寫開悟見性之說——這對現代人來說只是：文字遊戲之流。白話至上，白話就是真實體驗！

真正覺醒開悟的人會用白話把自己的真實體驗說出來、寫出來。沒有開悟見性的人，只會重複他人話語、轉述經書古文、把神佛字眼掛在嘴邊，搞得神祕難懂更不是事實，讓人回到家中竟不得清淨，人很難幸福，代代傳承陋習卻自以為在修行——琴藝不佳又對牛彈琴。

彈了數千年了，該是放下琴認清事實的時候了，宇宙希望透過這本書來讓你靈魂覺醒再覺醒，宇宙豐盛了我，透過我啟動靈體讓這本書誕生——我真實感覺！

欲望自然又適度的滿足，對人體有益有利，對啟動靈體和開悟見性也是大利多，節欲是開悟見性自然發生的狀態，不是先斷慾斷欲，來求得開悟見性，暗地裡卻活在慾欲不停歇的生活裡。

永遠記住：人體的存活欲望直到生命終了才會停息——這是人類永遠的真相，所以別亂開修行玩笑——到最後，笑不出來，因為靈魂沒有覺醒開悟！

用頭腦在欲求極樂世界和神的國度，全是頭腦在欲求，極樂世界和神的國度，是靈體啟動時的狀態和滋味。

讀到這裡，如果你仍相信有極樂世界和天堂，它能給你希望來安慰你、撫慰你，那請你相信它。相信，是頭腦的功能。靈體，沒有「相信」這種認知，真的沒有！

人出生前在那裡？沒人知道！出生在地球時也沒有經過任何人同意，就誕生了。若硬要說出答案，我說是：創造宇宙的那股力量決定的。

人出生後誰能開悟見性？直到自己啟動靈體功能的人才明瞭：這是宇宙的厚愛——這是我啟動靈體唯一能找到的解。

當老婆表明若有下輩子，她希望跟我一同再走上靈魂覺醒的道路，品嚐開悟見性滋味。我跟老婆說：「把一切交給『靈魂覺性意識』安排！若有下輩子，到哪裡都會是最好的『神安排』！最好是帶著覺醒的靈魂回到宇宙永恆喜樂的源頭——在那裡覺察喜樂同時永恆存在，靈體對回到自己的源頭最有興趣。」老婆點頭稱「是」。

真正靈魂覺醒的人，不會有人想乘願再來當人。乘願再來，仍舊是頭腦我念的欲望在做夢！「願望」依舊是苦樂苦樂的世界呀！

起點：靈魂甦醒——極大化幸福快樂時光。

終點：靈魂不滅——和宇宙源頭意識合一，喜樂到永恆。

當你熟悉地球的一切，你已流連忘返；當你執著人生的一切，你已不想放手。當你還沒來地球當人之前，或許對出生前的那個地方流連忘返、不想放手，所以出生時在哭，這或許不是或許！

起點就是終點：現在就開始用高強度的注意力有意識的享受自己正在做的事。有意識的活著，活著真是有意思。起點：靈魂甦醒；終點：靈魂不滅。永恆存在是靈魂的本質！只有靈魂甦醒的人，會懂起點和終點同樣是永恆喜樂的神性滋味，開竅無極限的人親吻的就是這一味！

宇宙的祕密——那個對人性多方領域「終身開竅，無極限」的人、那個天性良善有領悟慧根的人，宇宙偏愛讓這種人啟動靈體功能，嚐到開悟見性的神滋味，這是我的靈體給出的見解！

那個在自己人生、在家庭生活中持續多方深度開竅的女人和男人，就是靈魂覺醒最佳候選人。

該斷捨離的不是什麼外在東西，是自己的：缺點、痛苦、念頭。

生命素質的優化和揚升的特徵：人會斷捨離自己的缺點，優化自己的個性、習性、興趣，會正向化自己的思考和情感，最後若是靈魂功能啟動，人就能息掉念頭、停止苦受、平安喜樂。

女人、男人總想以單身求得自由、用婚姻獲得幸福保障、用金錢愉悅人生、用教徒的身分找到極樂或被救贖，這些大都會在真實的人生中落空，只要人的幸福要依賴外在的人事物，早晚夢碎、變調是它的常態。偏偏「頭腦的我念」總是往外在的人事物上忙進忙出找快樂、找保障，同時找到很多苦受。

終身開竅太少致使覺察力薄弱的頭腦，很難對人的缺點、痛苦、念頭做斷捨離！

高強度覺察的靈魂對斷捨離自己的缺點、痛苦、念頭，功夫一把罩。靈體一啟動，它們個個消失的無影無踪，好玩吧！

忙，這個中文字的智慧點：本心消失。本心就是靈體，靈體功能不起作用的人，不管做了什麼事和扮演什麼角色，就解脫人體苦受來講，都只是瞎忙一場！很忙的人、都在玩樂的人，對開悟會很迷茫。

悟，這個中文字的智慧點：當自己看見本心、啟動本心，就是人開悟見性，啟動自己的靈體功能了。在人生中，不論怎麼過活，就是要悟得本心、覺醒開悟、啟動靈體。古老經文中的「本心」一詞指的就是靈魂本體——很會悟的人，就是終身都在智慧開竅的人，我揭開真相了！

女人和男人的終極幸福就是：去悟、去活出、去收集靈魂真我出現的高光時刻——愈多，幸福就愈多。

只要是錢買不到的幸福和頭腦解決不了的問題，只有靠靈魂功能全然覺醒啟動，不只可以解決，還會給你永恆的喜樂滿足。

錢的好，是心理的安全感和幸福可以用買的那種感覺。

金錢是你人生、家人的祝福和恩典，所以，有錢真好。

但要記住，金錢喜歡和小我膩在一起。

小我喜歡用錢玩物喪志、常有不良惡習嗜好和不好個性、喜歡激情、聊沒營養的話題、爭執對錯，小我的磁性中心吸來的大部分是動物性欲望、感官娛樂，把人生能量和歲月全耗在這裡，正是靈魂昏睡的生活模式。

我為何對頭腦本質和小我如此瞭若指掌？

因為任何人出生後最先被教育的是使用頭腦去記憶、去認同自己的人體、名字、長相、信念、角色、性別等等。再用「頭腦記憶的內容物」生起每一個念頭，頭腦本質就是會去執行人體欲望和需要，常跟心情和感覺連動在一起，這些全部都會用我來呈現，這個我，就是小我，就是我們常講的「自己」。

用頭腦活一生的人不會知道什麼是小我，只會說：「我、我、我。」只有真正嚐到開悟見性狀態的人，才會知道靈魂功能跟頭腦功能不一樣，靈魂在覺察時，沒有「我」這個感覺，更沒有念頭這種東西會出現，這是頭腦想破頭也不會知道的真相！

當我開竅開悟到啟動靈體功能，我能活在讓頭腦無念、讓小我消失的狀態，同時我的頭腦和小我念頭還會不時跑出來，就跟我三十八歲以前一樣，所以我開竅的論述相對客觀，用頭腦思想和用靈魂覺察讓頭腦不生起思想，這兩者我瞭若指掌，更能切換自如。

你的人體是個磁吸體，請用正向美善的心思言行善用它。
你的人體裡有個靈體，請用終身學習和終身開竅啟動祂。

／-◇-／-◇-／-◇-／-◇-／-◇-／

回到靈魂的拷問上：上天給人百年光陰和數十年健康身體，人要怎麼活？要活出什麼？每個人都要自己回答！

活著要善用頭腦去圓夢。既然知道人生如夢，就去活出好夢，讓美夢成真——別再講人生是一場夢的空話了！

活著要用靈魂掌控頭腦，別活在夢裡，開悟見性就是一個無念無夢的狀態，可以讓人超開心的活著。

去活出美夢成真的世界，同時，也去活在無念無夢的覺察狀態，兩個世界你都在場——此時，你贏了、贏大了、大贏了，上天滿意你「在場」的表現！

祝福你：美夢持續成真、開竅到啟動自己靈體功能，活出終極幸福的高光時刻——永恆喜樂！

終身開竅——萬歲。

啟動靈體功能駕馭頭腦、心和指揮人體——萬萬歲。

結語

開竅！一切的美好，自然水到渠成。
啟動靈體，一切的真相，自然明白。

講座與諮詢：iamgood58@gmail.com
LINE—ID：0958766868

啟動靈體功能，一切真相大白
品嚐開悟見性、明心見性和神性滋味
讓花開，成功幸福錢來
吸引力效應——磁吸美好、顯化願望